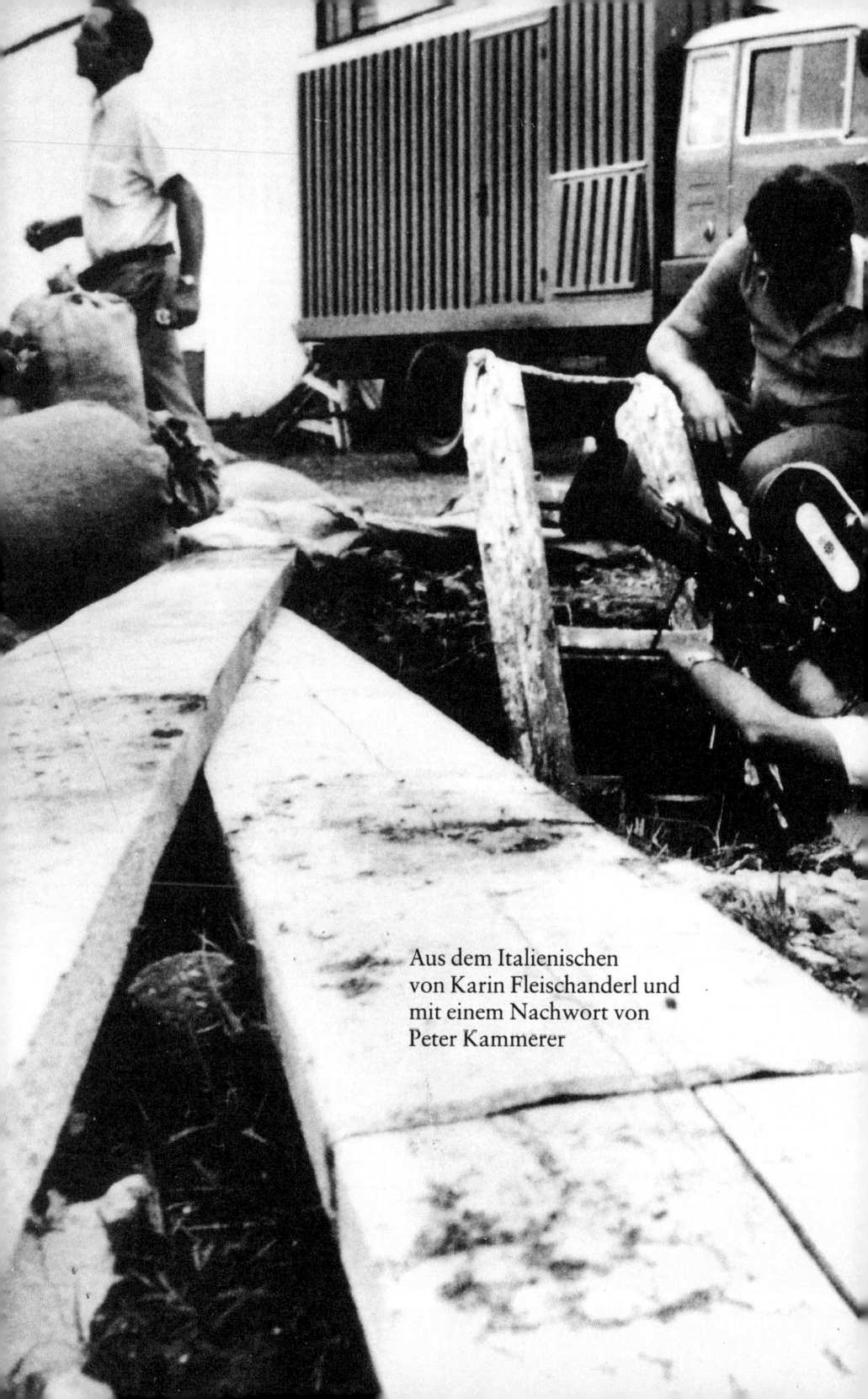

Aus dem Italienischen
von Karin Fleischanderl und
mit einem Nachwort von
Peter Kammerer

Pier Paolo Pasolini

**GROSSE VÖGEL,
KLEINE VÖGEL**

Verlag Klaus Wagenbach

Titel der Originalausgabe:
Uccelacci e uccelini

© 1966: Garzanti editore, Mailand
© 1992 für die deutsche Übersetzung:
Verlag Klaus Wagenbach, Ahornstraße 4, 1000 Berlin 30
Umschlaggestaltung Rainer Groothuis unter Verwendung
von Standfotos aus *Große Vögel, kleine Vögel*
Gestaltung und Bildredaktion Ina Munzinger
Gesetzt aus der Korpus Sabon und News Gothic von
Mega-Satz-Service, Berlin
Reproduktionen Reprowerkstatt Rink, Berlin
Druck und Bindung von Wagner, Nördlingen
Gedruckt auf chlor- und säurefreiem Papier
Printed in Germany. Alle Rechte vorbehalten
ISBN 3 8031 3564 8

Inhalt

VORSPANN

Der Vorspann wird gesungen,
während die Kamera starr auf einen weißen,
zwischen dahinjagenden Wolken verloren
wirkenden »Tagesmond« gerichtet ist.

Alfredo Bini
präsentiert
den alten Totò
den **traurigen** Totò
den *fröhlichen* Totò
in der Geschichte
GROSSE VÖGEL, KLEINE VÖGEL
erzählt von Pier Paolo Pasolini
mit dem unschuldigen, dem verSCHLAGenen
Davoli Ninetto.
Von den Straßen dieser Welt
stammen alle anderen Schauspieler,
von Femi Benussi bis Vittorio Vittori.
Luigi Scaccianoce war der Architekt
dieses **traurigen**, dieses *fröhlichen* Reigens
Danilo Donati kleidete Menschen und Engel,
Nino Baragli s c h n i t t und s c h n i t t,
Ennio Morricone komponierte und
adaptierte mit Pasolini die Musik,
während »Carmé Carmé« von Totò stammt…
Mario Bernardo und Tonino Delli Colli fotografierten,
Fernando Franchi organisierte,
Sergio Citti wirkte *heiter* mit als Philosoph.
Eine kleine Truppe vagabundierte an der Peripherie
und lagerte auf Feldern und in Dörfern.
Als Produzent riskierte – seine Position –
Alfredo Bini,
als Regisseur riskierte – seine Reputation –
PIER PAOLO PASOLINI

links: Totó, rechts: Ninetto Davoli

Ein starker Wind heult und läßt die Wände des Zelts flattern.
Im Inneren des Zirkus herrscht jedoch ein beinahe weihevolles Halb-
dunkel.
Das Ächzen des Windes – Tramontana oder Schirokko – ist nur
gedämpft zu hören.
An den Wänden des Pantheons hängen oder stehen Statuen und Por-
träts – Lithographien oder Drucke oder was auch immer – der ›Großen‹
Frankreichs: Sartre neben Mauriac, Camus neben Claudel usw., in der
Reihenfolge ihrer Bedeutung und ihres Erfolges.
Der ferne, lebendige Wind streicht über ihre anwesenden, toten Gesich-
ter.
An einer Wand hängt de Gaulle, größer als alle Großen.
Ihm gegenüber sitzt ein Adler auf seiner Stange, stumm und unbezähm-
bar.
Inmitten all dieser Größe, bescheiden und komisch, ein krausköpfiger
Junge mit einem Besen, der den Boden fegt.
Beim Fegen stößt er gegen die Gipsgesichter der Großen, und aus
purem Übermut und reiner Lebensfreude, aus einer kindischen Laune
heraus imitiert er ihren nachdenklichen, finsteren Gesichtsausdruck,
wobei er insgeheim lacht und eine gotteslästerliche Freude in seinen
Augen leuchtet.
Ein Großer nach dem anderen fällt Ninettos respektlosem Blick zum
Opfer. Worauf der Ärmste wieder brav zu fegen beginnt.
Während er fegt, beginnt eine kreischende, tiefe Stimme zu sprechen:
jedoch ganz leise, so daß die Worte nicht zu verstehen sind. Sie spricht
vom Schnee, von weißen, ewigen Schneefeldern, und dieses Wort kehrt
immer wieder, obsessiv und süß wie in einer Litanei.
Ninetto horcht geduldig zu, wobei er mit den Lippen schnalzt, dann:

NINETTO: Kannst froh sein, daß dir das Reden noch nicht vergangen ist.
Sitzt da wie Fenaroli, gefesselt, eingesperrt und verprügelt, lebenslänglich
hinter Gittern. Deine Söhne bei dir zu Haus krepieren an der Pest und der
Lepra, einer hat 'n geplatztes Auge, 'nen andern haben die Läuse und die
Zecken gefressen, einer is draufgegangen, weil er so hungrig war, daß er
die ganze FAO hätt' auffressen können, vier haben sie zu Tode gefoltert,
sieben zerstückelt, vierundsiebzig 'ne Ratte in 'n Arsch geschoben, und
einer hat 'nen Kanister Benzin genommen und sich angesteckt!

STIMME MONIQUES: Ninetto, Ninetto!
NINETTO *(in Richtung der Stimme)*: Komm schon!

Mit zwei Schüben fegt er den Dreck unter die Statue von De Gaulle und läuft hinaus, wobei er dem Adler, halb polemisch, halb freundschaftlich zuruft:

NINETTO: Ciao, bella, ciao – ciao, ciao, ciao…

Er läuft hinaus ins Freie, wo der Wind heult.

Empfangsraum des ›Grand Cirque‹
Innen. Tag

Ninetto kommt gelaufen und sieht Monsieur Courneau, den Dompteur des ›Grand Cirque de France‹, der vor einem Grüppchen Journalisten und Fotografen steht.
Neben ihm seine Frau Monique, mit einem Äffchen auf der Schulter, die sich, gequält lächelnd, an einem Vorhang festhält.
Der Wind rüttelt am Zelt: Und hinter dem Kopf von M. Courneau, im Spalt zwischen den wehenden Planen, ist im Gegenlicht, im stechenden Licht der Sonne, hin und wieder ein Stück peripheres, päpstliches Rom zu sehen.
Gegenüber: Lautloses Blitzlichtgewitter.

MONIQUE *(zu Ninetto)*: Nimm den Affen!

Freudig nimmt Ninetto den Affen auf die Schulter und redet lebhaft auf ihn ein, ungeachtet dessen, was rings um ihn passiert.
Monique wirft sich neben ihrem Gefährten in Positur, für die Fotografen, wobei sie mitleidig auf ihn herabblickt.
Der Journalist (der berühmte, der Orson Welles während der Dreharbeiten zu »Hohn und Spott« interviewt hatte) kommt mit ordinärem Grinsen zur Sache.

JOURNALIST: Also, Monsieur Courneau, Sie haben uns rufen lassen…

IL PENSIERO SELVAGGIO

M. Courneaus Augen unter dem hohen keltischen Brauenbogen, der seiner Stirn die Würde des Denkers verleiht, leuchten ironisch. Seine Augen sind offensichtlich geschminkt. Ein regelmäßiger, viereckiger Bart, ein sogenannter Seemannsbart, umrahmt sein Gesicht. Auch seine Lippen sind offenbar geschminkt, wie die des »Steinernen Gast«. Er unterdrückt das ironische Leuchten in seinen Augen und beginnt in aller Ruhe zu antworten, auf gefällige Art und Weise.

M. COURNEAU: Ja, ich wollte den römischen Journalisten ein Vorhaben ankündigen, das seinesgleichen sucht in der Geschichte der Zivilisation...

Aber bei diesem Wort, bei genau diesem Wort, macht es »krach«, gibt es eine plötzliche Erschütterung. Ein schreckliches Zucken durchläuft M. Courneaus Körper, als hätte ihn ein Windstoß gepackt: Er rudert mit den Ellbogen, seine Augen blinzeln ins Leere, die Halssehnen spannen sich, die Beine biegen sich: und schließlich, als Krönung des Ganzen, das kleine »französische« Gesellschaftsmaulfürzchen.
Die Fotografen beeilen sich, die verschiedenen Phasen des kleinen Erdbebens auf immer und ewig festzuhalten.

M. COURNEAU *(sobald er sich wieder gefaßt und sein gefälliges, selbstsicheres Lächeln aufgesetzt hat)*:... Die Domestizierung eines Tieres, dem bisher absolut keine menschliche Gewohnheit beizubringen war, nicht einmal auf oberflächliche Weise. Denn, wie Sie wissen, Rasse ist Rasse.
JOURNALIST *(macht Notizen)*: Um was für ein Tier handelt es sich?
M. COURNEAU *(wechselt einen komplizenhaften Blick mit seiner intellektuellen Gefährtin)*: Das werden Sie gleich mit eigenen Augen sehen... *(verschlagen)* Gewiß nicht um Hühner... die einem meiner Kollegen aus der Sowjetunion zu Berühmtheit verholfen haben...

Aber plötzlich dreht M. Courneau sich um, gewandt und weltläufig, und geht in Richtung Gedenkstätte davon, wobei er weiterredet:

M. COURNEAU: An der anthropologischen Umwandlung der Hühner haben wir kein Interesse...

Und während das Grüppchen vom Empfangsraum zum Pantheon spaziert, nähert sich der 1. Journalist, ein schmieriger, hinterhältiger Typ, Ninetto und stellt ihm, ohne sich für seine Dummheit zu genieren, eine Frage, wobei er seine Notizen zu Hilfe nimmt und buchstabiert.

1. JOURNALIST: He du, gehörst ja zur Truppe, weißt du, was das Wort…
an…thro…ppo…lo…gisch… bedeutet?

Ninetto ist wie vom Blitz getroffen, will jedoch nicht zugeben, daß er keine Ahnung hat: Einerseits aus Verlegenheit, andererseits wegen der Lüge, zu der er sich genötigt fühlt, lacht er das Äffchen an, das ihn mitleidig ansieht, und sagt:

NINETTO: Tja, das Zeug, das die Viecher zum Fressen kriegen…

Pantheon des ›Grand Cirque‹
Innen. Tag

Während draußen noch immer der Wind heult, betritt die Gruppe die Gedenkstätte, mit Monique an der Spitze, die von Großem zu Großem geht und sich schließlich vor dem Adler für die Fotografen in Positur wirft.

M. COURNEAU: Da haben wir ja unser Exemplar! Wie Sie sehen, hat es nichts Menschliches an sich… *(eine Welle von nervösen Zuckungen mit abschließendem Maulfürzchen).* Es lebt vollständig in einer anderen biologischen Epoche und ist von sich aus nicht in der Lage, auch nur annähernd das Niveau der zivilisierten Lebensweise zu erreichen… *(bei diesem Wort beginnt sein Körper wieder heftig zu zucken)* Sehen Sie!

Und er zeigt spöttisch auf die Fäkalien und den Schmutz unterhalb der Stange, auf der der Adler stumm und unbezähmbar sitzt.

M. COURNEAU: Ninetto!

Ninetto springt auf und fegt vor den Augen aller den Schmutz weg, den er auf eine Schaufel lädt, um ihn dann heimlich, als die anderen wegschauen, unter der Statue von de Gaulle abzuladen.
Der 1. Journalist öffnet den Mund, um etwas zu sagen, aber hinter ihm beginnt eine Zirkus-Hyäne wie besessen zu heulen; seine Worte sind dadurch nicht mehr zu hören, werden übertönt vom niederträchtigen Heulen der Hyäne.

1. JOURNALIST *(Heulen der Hyäne)*.

Schließlich blickt sich der 1. Journalist mit seinem ironischen schwarzen Schnurrbärtchen verstohlen um: Wenn dieser Zwerg eine Kochmütze trüge, wäre er die ideale Werbung für geschmacklosen Kaffee.

M. COURNEAU *(beleidigt)*: Aber mein Herr! Was für eine schlechte Imitation des französischen Geistes! Die Franzosen sind zwar spöttisch, aber sie würden die Dinge, über die sie sich lustig machen, nie derart in den Schmutz ziehen! Parbleu! Sie glauben nicht, daß der Adler primitiv genug ist? Sie glauben mir nicht? Dann treten Sie näher, versuchen Sie es ...
1. JOURNALIST *(unverbesserlich niederträchtig) (Heulen der Hyäne)*.
2. JOURNALIST *(wie oben) (Heulen der Hyäne)*.
3. JOURNALIST *(wie oben) (Heulen der Hyäne)*.
M. COURNEAU: Meine Herren! *(sehr feierlich)* Die einzige Gefahr für den Menschen besteht im Mangel an Zivilisation. Ich kündige Ihnen somit an, daß dieses Vieh dank meiner speziellen Zivilisierungsmethode... *(und bei diesen Worten beginnt sein Körper wieder unweigerlich konvulsivisch zu zucken)* binnen eines Monats so wohlerzogen sein wird wie ein Fernsehsprecher!

Überblendung.

Empfangsraum des ›Grand Cirque‹
Innen. Tag

Es beginnt also die feierliche Zeremonie der »Zivilisierung« des Adlers. M. Courneau, Monique, Ninetto und zwei Diener stehen tuschelnd an der Tür der Gedenkstätte. M. Courneau gibt leise die letzten Anweisungen, nachdem er allen bedeutungsvolle, komplizenhafte Blicke zugeworfen hat.

M. COURNEAU: Ihr habt also verstanden: Höflich ignorieren ...

Und sie betreten den Raum, betont beiläufig.

Pantheon des ›Grand Cirque‹
Innen. Tag

Kaum hat M. Courneau das Pantheon betreten, wirft er dem Adler einen zerstreuten Blick zu – und die anderen tun es ihm etwas weniger elegant nach –, als wolle er ihn zum Zuschauer von etwas machen, das ihn im Grunde gar nichts angeht, wobei er höflich in seine Richtung murmelt:

M. COURNEAU: Bonjour!

Dann wendet er sich wie nebenbei an Ninetto, während seine Helfer in einer Ecke einen kleinen Filmprojektor aufbauen, worauf er, nach wie vor wie nebenbei, das heißt eigentlich zum Adler gewandt und etwas zu laut, sagt:

M. COURNEAU: Gut, Ninetto, beginnen wir also mit dem ABC des zivilisierten Menschen... *(eine Welle von Zuckungen durchläuft seinen Körper)*, beziehungsweise bei den vier Grundlagen plus einer, auf denen sein Leben beruht und die sein Glück ausmachen.

Der Filmprojektor ist bereit.

M. COURNEAU: Voilà!

Der erste Dokumentarfilm wird an eine Wand des Pantheon projiziert.

1. Dokumentarfilm

Eine Allee in einem wunderbaren Park in Combray. Vogelgezwitscher. Eine süßliche, sterile Musik untermalt die Bilder.

Titel: TABLEAUX VIE FAMILIÈRE DANS UN BEAU MATIN D'ÉTÉ

STIMME M. COURNEAUS *(der übersetzt)*: Szenen aus dem Familienleben, an einem schönen Sommermorgen...

Im Badezimmer. Zur süßlichen Musik macht die »Dame des Hauses« den morgendlichen Striptease, um in die Badewanne zu steigen. Es dauert nicht lange, und sie hat sich völlig ausgezogen.

Als sie nackt ist, schaut sie in Richtung Tür, genauer gesagt zum Schlüsselloch: worauf sie beinahe routinemäßig einen Zerstäuber nimmt und – zack – einen dicken Strahl einer schwarzen Flüssigkeit ins Schlüsselloch spritzt.

Man hört einen kleinen erstickten Schrei und unregelmäßige, ungleichmäßige Schritte, die sich – patsch, patsch – entfernen.

Im Eßzimmer. Vier oder fünf »schreckliche« Kinder sitzen am Tisch. Ein dickes, sehr kräftiges Mädchen tut sich besonders hervor.

Auf dem Korridor hört man die unregelmäßigen, ungleichmäßigen Schritte, worauf der hinkende Diener das Zimmer betritt, mit einem schwarzen, schmerzenden Auge. Das Tablett hebt und senkt sich auf beängstigende Weise, im Rhythmus seines Hinkens.

Durch das Fenster, das an diesem milden Sommermorgen offensteht, kommt eine Hornisse herein und beginnt, im Zimmer herumzufliegen, bis sie ihre bedrohlichen Kreise immer enger um den Diener zieht.

Der Diener mit dem Tablett verteidigt sich hinkend, weicht aus, schwankt, taumelt; und da kracht die Hornisse teuflischerweise gegen das verschont gebliebene, gesunde Auge.

Sturz des Dieners. Das Tablett landet mit allem, was darauf steht, auf dem Boden, und die Hunde und Katzen kommen in aller Ruhe hinzu, um zu trinken und zu fressen.

Das schlimme Mädchen heult wie eine Fabriksirene.

Sirenengeheul.

Im Arbeitszimmer. Der Familienvater in seinem Arbeitszimmer, das nach dem Vorbild eines wohlhabenden französischen Haushalts aus dem 19. Jahrhundert mit hohen Regalen ausgestattet ist, Zigarre rauchend; natürlich liest er nicht, sondern probiert seine Doppelflinte aus.

Er betrachtet sie, poliert sie, schaut sie an, streichelt sie. Dann geht er zum Fenster und zielt, aber bevor er abdrückt, wirft er einen Blick auf die Felder und Häuser in der lieblichen Ebene vor ihm. Im Hintergrund, unterhalb der Weinberge, das Meer, dort drüben die Kapelle mit dem kleinen gotischen Glockenturm.

STIMME M. COURNEAUS: Nun, das alles gehört ihm: Er besitzt es. Was ihm, gemeinsam mit einer florierenden Waffenfabrik in Paris, Grundlage

Nummer eins des zivilisierten Menschen garantiert: einen guten familiären Hintergrund.

Der Familienvater ist fertig mit der Betrachtung seiner Güter, und um die Doppelflinte auszuprobieren oder vielleicht auch nur aus reiner Lebensfreude, feuert er einen Schuß in den blauen Himmel ab.
Die Kugel durchschlägt geradewegs das Glockenseil im Glockenturm.
Die Glocke stürzt krachend in die Tiefe, wo der Pfarrer steht, der sie inmitten des schrecklichen Getöses mit erhobenen Händen auffangen will. Das ganze Dorf ist in Aufruhr, alte Männer und Frauen, Kinder, Hühner, Gänse und Hunde kommen aufgeregt gelaufen.
Die Stimme M. Courneaus übertönt das kirmesartige Chaos.

STIMME M. COURNEAUS *(wie nebenbei):* Also, Ninetto, wiederhole laut das erste Wort des Vokabulars des zivilisierten Menschen: die Familie.
STIMME NINETTOS: Famillje.

2. Dokumentarfilm

Ein Regiment ist zur Parade angetreten, die Soldaten stehen stramm im feierlichen Augenblick des ›Präsentiert-das-Gewehr‹-Kommandos: Es herrscht tiefes Schweigen.

Titel: OTEZ VOTRE CHAPEAU

STIMME M. COURNEAUS *(übersetzt):* Ziehen Sie den Hut.

Genau in diesem Augenblick kommt der Zuständige für die Musik, die den feierlichen Augenblick mit weihevollen Klängen überschwemmen soll. Die Musik plärrt los.
Und da kommen auch schon die militärischen und zivilen Würdenträger, die auf einem Teppich die Parade abschreiten.
Nahaufnahmen der Generäle und der Minister, erstere mit Käppi, letztere mit Zylinder, feierlich schreitend.
An der Spitze der Fahnenträger, feierlichen Schritts: Die Fahne flattert im sturmartigen Wind dieses patriotischen Morgens. Der Herr General, dem immer wieder ein Zipfel der Fahne ins Gesicht schlägt, darf keine Miene verziehen. Plötzlich bricht jedoch die Musik ab – offenbar hat die Platte einen Sprung – ein paar Klänge wiederholen sich, und schließlich herrscht tiefes Schweigen. Nur der Wind pfeift.

Die Würdenträger müssen jedoch weiter über den Teppich marschie-
ren, aber sie geraten mit jedem Schritt mehr aus dem Takt, werden
immer ungenauer.
Nahaufnahmen der Gesichter der Soldaten, die trotz des Malheurs und
des prosaischen Schweigens versuchen, so gut wie möglich die starre,
feierliche Haltung des »Präsentiert-das-Gewehr«-Kommandos beizu-
behalten: Nach und nach geben sie jedoch auf.
Ihre Augen werden menschlich, kindlich, und sie drehen sich verwirrt
um. Fragende, respektlose Blicke aus weit aufgerissenen Augen. Die
Reihen der Soldaten geraten ins Wanken, lösen sich auf.
Aber derjenige, der für die Platte zuständig ist, behebt das Unglück.
Und die Musik plärrt wieder los.
Die Soldaten stehen aufs neue stramm, und die Würdenträger, die die
Parade abnehmen, marschieren feierlich weiter.
Und die Fahne beginnt aufs neue, den General zu ohrfeigen.
Und wieder scheint Chaplin seine Hand im Spiel zu haben: Ein Wind-
stoß reißt dem Premierminister den Zylinder vom Kopf.
In der folgenden kurzen Szene sieht man, wie der Zylinder davonfliegt,
was zuerst zu Unruhe unter den Soldaten, dann zur völligen Auflösung
des Heeres führt: Die einen laufen dem Zylinder nach, andere machen
den Laufenden Platz, wiederum andere legen das Gewehr nieder oder
essen ein Brötchen usw. usw.

STIMME M. COURNEAUS: Voilà Ninetto: die zweite Grundlage des zivilisierten Menschen: das Vaterland!
STIMME NINETTOS: Weiß ich, hat Großvater auch immer gesagt!

Der Zylinder fliegt über hohe Mauern, über die grauen Dächer und
Schornsteine von Paris, und landet aufgrund einer hinterhältigen, sym-
bolhaften Laune des Schicksals neben der abgegriffenen Mütze eines
Clochard, der auf dem Trottoir sitzt und bettelt. Das Gesicht des Clo-
chard ist voller Pusteln, er ist blind und unbeschreiblich häßlich. Er
reckt das Kinn empor und singt:

SCHMUTZIGER CLOCHARD: Brigitte Bardot, Bardot – Brigitte Bardot,
Bardot...

3. Dokumentarfilm

Auf dem Kirchplatz von Combray haben sich alte Männer und Frauen, Kinder, Hühner und Gänse um die herabgestürzte Glocke versammelt.
Sakrale Musik von Bach (ein Motiv der »Johannes-Passion«).
Ganz langsam heben einige junge Männer die Glocke empor, unter der Père Fraternité zum Vorschein kommt, den sie unter sich begraben hatte.
Seine erste Geste ist eine Geste des Zorns, die der fernen Villa der Herrschaften Courneau gilt.

PÈRE FRATERNITÉ: Das hat er absichtlich gemacht! Das hat er absichtlich gemacht!

Aber dann bezwingt der brave Pfarrer seinen Zorn und geht demütig zur Kirche.

PÈRE FRATERNITÉ: Los, kommt, beten wir für seine Seele und für die Seele aller, die der Gnade Gottes verlustig gegangen sind!

Alte Männer und Frauen, Kinder, Jünglinge, Gänse, Hunde und Hühner betreten die Kirche.
Das Innere der Kirche. Der Pater geht zum Altar und beginnt zu beten.
Die Menge tut es ihm einmütig nach, betet demütig und aufrichtig.
Zu den Aufnahmen der heiligen Messe, während ergreifende Gesichter und Stimmen zu sehen und zu hören sind, dröhnt im Off die Stimme M. Courneaus.
Sakrale Musik von Bach, noch lauter und eindringlicher.

M. COURNEAU: Also, Ninetto, was ist die dritte Grundlage des weißen, zivilisierten Menschen?
NINETTO *(prompt):* Religion, ja?
M. COURNEAU: Nein, du Idiot, du Rindvieh, du blödes! Die Religion brauchen wir nicht mehr! Wir haben inzwischen die Wissenschaft, kapiert? Die Wissenschaft, die Technik! Heute denkt der weiße, zivilisierte Mensch mit dem Kopf, ist frei, gebildet, atheistisch, atheistisch, atheistisch! Die dritte Grundfeste des zivilisierten weißen Menschen ist die Vernunft. Die Ratio!

NINETTO: Schon gut, was hab ich gesagt? Religional, rational... is doch fast dasselbe!

In diesem Augenblick wird der Dokumentarfilm vom Gebet in der Kir-
che beinahe rührend und ergreifend, als würde er mitgerissen von einer
geheimnisvollen, ihm innewohnenden Kraft.
Zu hören ist, wie gesagt, die großartige Musik von Bachs »Johannes-
Passion«, und zu den hohen, herzzerreißenden Klängen sieht man die
reinen, leidgeprüften Gesichter der Betenden, ihre Heiligenaugen, ihre
unschuldigen, glänzenden Augen, in denen ein merkwürdiges – volks-
tümliches und ein wenig verrücktes – Licht leuchtet: Eine Szene von der
Kraft eines Passionsspiels.
Bei diesen rührenden Bildern des Glaubens hat M.Courneau plötzlich
einen Anfall von Hysterie: Eine Welle von Zuckungen durchläuft auf be-
ängstigende Weise seinen Körper, dann bricht er in verzückte Schreie aus:

STIMME M. COURNEAUS *(auf französisch, zitiert verzückt einen Artikel*
aus dem ›Nouvel Observateur‹).
Untertitel: Praktisch unübersetzbare Sätze... es folgen praktisch unübersetzbare Sätze.

4. Dokumentarfilm

Villa in Combray

Titel: REMETTEZ VOTRE CHAPEAU!

STIMME M. COURNEAUS *(übersetzt)*: Setzen Sie Ihren Hut wieder auf.

Der Korridor der Villa in Combray.
Der hinkende Diener geht über den Korridor, wobei sich seine Hüfte
gewaltig hebt und senkt; wie gewohnt trägt er ein volles Tablett, das auf
genauso beängstigende Weise schlingert wie sein Gang.

M. COURNEAU: Man soll immer wieder den Hut aufsetzen! Man soll die
Dinge immer wieder verächtlich machen! Man soll vor allem lachen können über die Dinge! Wehe dem, der nicht witzig sein kann!

Salon der Villa in Combray.
Der Diener betritt den Salon, der voller Gäste ist – einflußreiche Herr-
schaften, Industrielle etc., Damen in Courrèges-Modellen etc., mondä-
nes Geplauder etc.

Wie bei einer offiziellen Zeremonie »enthüllt« der Hausherr ein
Gemälde, wobei ihm die Gäste mit neugieriger Anteilnahme zusehen.
Enthüllt wird ein »obszönes« Bild von Grosz.
Beifall und anerkennende Rufe der Gäste.
Eine äußerst fette Dame (Chaplin-Zitat) plumpst auf einen Stuhl, der
dabei in die Brüche geht.
Der General von der Militärparade raucht Zigarre, er sieht aus, als
stünde er an vorderster Front.
Der Minister – der, dem der Wind den Zylinder weggeblasen hatte –
spielt aus Fairneß mit und lächelt.
Eine Dame starrt aufgeregt.
Die Gattin des Hausherrn wirft einem jungen Mann einen Blick zu, der
diesen erwidert: Es ist eindeutig, daß die beiden eine Affäre haben. Sie
machen sich den Lärm und das allgemeine Durcheinander zunutze,
gehen aufeinander zu und drücken sich die Hände.

HAUSHERR *(auf französisch, Übersetzung in Untertiteln)*: Es besteht gar
kein Grund zur Aufregung. Nur der Geist garantiert eine wahrhaft demo-
kratische Opposition. Wer sich aufregt, besitzt keine Kultur. *(Kurzes
Schweigen, dann zum Erstaunen aller)* Ich zum Beispiel wäre ein geist-
und humorloser Mensch, wenn ich mich darüber aufregen würde, daß
meine Frau mit meinem Freund flirtet, was sie genau in diesem Augenblick tut…

Alle schauen in Richtung des Vorhangs, vor dem die Frau des Haus-
herrn und dessen Freund eng umschlungen stehen. Die beiden zucken
zusammen und trennen sich. Der Gatte fährt jedoch ruhig und uner-
bittlich fort:

HAUSHERR: Die Familie ist eine großartige Institution, und wir müssen
tun, als würden wir an sie glauben. *(in verändertem Tonfall)* Das heißt
jedoch nicht, daß ich mich nicht an meinem Rivalen rächen dürfte…
indem ich ihn finanziell ruiniere… Sie zum Beispiel, General, werden
doch nicht behaupten, daß Sie allen Ernstes an die Institution des Militärs
glauben!

Der General zeigt sich plötzlich von einer ganz anderen Seite und ant-
wortet mit absurd sanfter Stimme:

GENERAL: Aber gewiß nicht. Das Heer ist nichts anderes als eine galante
Institution.

25

HAUSHERR: Und Sie, Herr Minister, Sie werden doch nicht behaupten, Ihre Liebe zum Vaterland sei aufrichtig!

MINISTER *(zutiefst weise, voller Ironie)*: Alors! Unsereins weiß auch ohne Marx, daß la patrie est une putain: donc je l'aime comme un macreau.

Das schlimme Mädchen geht zum Piano und spielt mit triumphaler Geste die französische Nationalhymne, worauf alle im Chor singen:

ALLE IM CHOR: Allons enfants de la patrie – le jour de gloire…
STIMME M. COURNEAUS: Also, Familie, Vaterland, Vernunft. Plus Esprit. Wehe dem, der nicht an Familie, Vaterland und Vernunft glaubt. Aber wehe dem, der sich nicht über sie lustig machen kann!

Die Lichter gehen an, große Stille.
Jetzt, wo die Dokumentarfilme zu Ende sind, dreht sich M. Courneau langsam zum Adler um, wobei er kaum seine Erregung verbergen kann. Ninetto tut es ihm nach, auf seine köstlich respektlose Weise. Und auch Monique (fanatisch).
Der Adler sitzt da: ungreifbar, unbeugsam, unverändert. Nicht das geringste Zeichen von Interesse: Er hat nichts gehört und nichts gesehen. Er ist stumm und unbezähmbar, wie gefangen in einem geistigen Chaos, das ihn von allen Dingen der weißen zivilisierten Welt fernhält. M. Courneau kann nicht verhindern, daß sich eine gewisse Verzweiflung in seinem Gesicht ausbreitet.
Ninetto hingegen muß ein wenig lachen bei dem Gedanken an die Blamage seines Prinzipals.
Monique haucht:

MONIQUE: Merde!

Überblendung.

Gedenkstätte des ›Grand Cirque‹
Innen. Tag

Der Adler: stumm und unbezähmbar, wie oben.
Vor ihm steht M. Courneau, und dahinter, in gebührendem Abstand,
Ninetto, der kleine Diener.
Es beginnt die zweite Phase der pädagogischen Annäherung an den
Adler. M. Courneau ist erregt, kann sich jedoch beherrschen. Seine
Rede ist ruhig.

M. COURNEAU: Gemeinsam werden wir Großes vollbringen: uns eine
Sprache aneignen. Gleich zu Beginn möchte ich dir, lieber Freund, einige
grundlegende Ratschläge erteilen. Sobald du sprechen kannst, mußt du
dir sofort das Problem des »Wie-Sprechens« stellen. Nun, es gibt zwei
Grundregeln: alles so einfach wie möglich ausdrücken und immer mit
einem Schuß Ironie. Natürlich sollte man stets über einige Sprachmodelle
verfügen. Als vorzüglichstes Modell könnte ich dir die Kolumne »Was tun
sie« einer vielgelesenen italienischen Illustrierten empfehlen. Aber das
wäre eigentlich zuviel verlangt. Ich empfehle dir also lieber eine Sprache,
wie man sie in den Artikeln des »Espresso« findet. Reduktion und Ironie:
Als wärst du (was du auch tatsächlich sein wirst) nicht gerade der Intelli-
genteste von allen, sondern das Modell, die Funktionsweise der Intelligenz schlechthin. Kurz und gut, was die Sprache anbelangt *(er reibt sich*
die Hände), erinnere ich dich zusammenfassend an eine goldene Grund-
regel meines Landsmannes Étienne Dolet, der um die Mitte des 16. Jahr-
hunderts, in seinem Essay »Von der Art und Weise, gut von einer Sprache
in eine andere zu übersetzen«, schrieb: »Man sollte stets danach trachten,
einen schönen, flüssigen, eleganten Stil zu schreiben, der keine allzu
hohen Ansprüche stellt und vor allem einheitlich ist.«

Gedenkstätte des ›Grand Cirque‹
Innen. Tag

Der Adler und M. Courneau stehen einander gegenüber.
Der Adler stumm, während der andere nach wie vor redet, voll päd-
agogischer Hoffnung.

M. COURNEAU: Alle Menschen auf dieser Welt sind Konkurrenten. Um als Sieger aus der Konkurrenz hervorzugehen, muß man seine Gegner beseitigen. Die beste Waffe, die wir besitzen, um unsere Gegner zu beseitigen, ist die Moral. Mit Hilfe der Moral hat der Wolf das Lamm getötet. Und außerdem, wer als Sieger aus der Konkurrenz hervorgeht, ist immer im Recht. Machiavelli sagt: Der Sieger empfindet nie Scham, auf welche Weise auch immer er gesiegt hat.

Überblendung.

Gedenkstätte des ›Grand Cirque‹
Innen. Tag

Der Adler und M. Courneau stehen einander gegenüber.
Der Adler unbeirrbar stumm, während der andere... etc. etc.
M. Courneau schaut Ninetto eindringlich an, als würde er ihn aufgrund einer bereits getroffenen Abmachung zum Sprechen auffordern. Ninetto gehorcht.

NINETTO *(als hätte er etwas auswendig gelernt, das ihm eigentlich fremd ist und das er jetzt mit einer unmotivierten Fröhlichkeit herunterleiert)*: Selig sind die Gebildeten, denn ihnen gehört die Republik. Selig sind die Sanftmütigen, denn sie werden schnell eine Anstellung finden. Selig sind die Leidenden, denn sie werden sich psychoanalytisch behandeln lassen. Selig sind die Barmherzigen, denn sie können es sich leisten. Selig sind die Hartherzigen, denn sie tanzen aus der Reihe. Selig sind die Friedfertigen, denn sie machen ihre eigenen Geschäfte. Selig sind die, die andere zu Unrecht verfolgen, denn sie haben Macht.

Überblendung.

Gedenkstätte des ›Grand Cirque‹
Innen. Tag

M. Courneau hat eine Pause eingelegt. Der Adler sitzt noch immer da. Auch Ninetto ist noch da und widmet sich der bescheidenen Kunst des Bodenfegens. Während er fegt, führt er Selbstgespräche, einerseits, weil er keine Lust zum Arbeiten hat, und andererseits, weil er von Natur aus fröhlich ist. Er erfindet seine eigenen »Seligpreisungen«.

NINETTO: Selig die, die schuften müssen, weil sie ausruhen können, sobald sie tot sind. Selig Giovanni, weil er 'ne brave Frau hat. Selig die, die ohne Sünden sterben, weil sie in 'n Himmel kommen. Selig die, die 'nen Verwandten auf'm Friedhof haben, weil sie selber noch nicht tot sind. *(Zum Adler)* Selig die Stummen, weil sie nix reden.

Er fegt weiter, wobei er ›Bella ciao‹ pfeift.

Gedenkstätte des ›Grand Cirque‹
Innen. Tag

Das Bild des stummen, unweigerlich stummen Adlers wird untermalt von der feierlich intonierten Melodie von ›Bella ciao‹.
Dem Adler gegenüber steht M. Courneau, der seine Erregung kaum noch verbergen kann.

M. COURNEAU: So seid ihr alle! Alle gleich! Kommt aus Elendsquartieren, aus Drecksnestern, aus Dörfern voller Läuse und Flöhe, wo der Fluß über die Ufer tritt und die Heuschrecken euch sogar die schwarze Seele wegfressen, wo stinkende Kadaver herumliegen und Medizinmänner Scheiterhaufen errichten; stinkt wie Zigeuner, werdet gesäugt von wahnsinnigen, halbnackten Müttern mit nacktem Arsch, werdet aufgezogen von Vätern mit Nasenring, kommt her, findet einen vollen Futternapf *(Welle von Zuckungen)* und wagt es auch noch, die Anspruchsvollen, die Würdevollen, die Unabhängigen zu spielen! Pfui Teufel!

Überblendung.

Gedenkstätte des ›Grand Cirque‹
Innen. Tag

Der Adler! Leise, aber feierlich das Motiv von ›Bella ciao‹.
Im gegenüber M. Courneau! Der Adler schweigt!
M. Courneau betrachtet ihn mit kaum verhohlener Wut und Verachtung!
Der Adler kümmert sich gar nicht um ihn!
M. Courneau ist am Ende!

STIMME M. COURNEAUS *(dessen Körper wieder so heftig zuckt, daß er kaum sprechen kann)*: Nur noch eine Woche! Eine Woche! Alors, was sollen wir tun? In einer Woche bin ich vielleicht ein erledigter Mann! *(er gerät völlig aus der Fassung)* Und das wegen dir, schwarzes Rabenvieh! Minderwertige Kreatur! Bauerntrottel! Analphabet! Schurke! Stinktier! Gauner! Leprakranker! Menschenfresser!

Gedenkstätte des ›Grand Cirque‹
Innen. Tag

Dieselbe Situation. Dieselbe Musik.
Inzwischen hat sich M. Courneau aufs Flehen verlegt.

M. COURNEAU: Ist es denn zuviel verlangt... Ein einziges Wort, ein Wörtchen, der Hauch eines Wortes! Ein Wort genügt! Ein menschliches Wort! Damit ich dich verstehen kann! Und sei es auch ein Wort der Verweigerung! Sag wenigstens nein! Sag nein!
NINETTO: Missjö Courneau, hört auf, is für die Katz, der redet nicht! Kein Wunder, bei ihm zu Haus reden sie nicht mal, wenn sie gerupft werden! Nicht mal, wenn sie ertränkt werden... Haben sie an den Füßen gepackt, mit 'm Kopf nach unten, und rein in 'ne volle Wasserschüssel... Und rauf und runter... rauf und runter... Nix zu machen, sind ersoffen, ohne was zu sagen! Laßt ihn sausen!

Überblendung.

Gedenkstätte des ›Grand Cirque‹
Innen. Tag

Dieselbe Situation. Dieselbe Musik.
Der demütigende Augenblick des Flehens ist vorbei, M. Courneau hat
zum Zorn zurückgefunden. Nicht zuletzt deshalb, weil Monique bei
ihm ist.

M. COURNEAU: Dein Schweigen ist untragbar! Dein Verhalten mir gegenüber ist skandalös, skandalös! Das Verhältnis zwischen einem zivilisierten
Menschen und einem prähistorischen Wesen kann nur eines des Gebens
und Nehmens sein! Ich gebe dir alles! Kultur, Zivilisation, Wohlstand,
also gib du mir wenigstens deine Anwesenheit! Nimm eine dialektische
Beziehung zu mir auf!
NINETTO: Ja, sei dialektisch! Machs wie ich! Kann auch kein Italienisch,
nicht mal, wenn sie mich umbringen!
M. COURNEAU *(immer verzweifelter)*: Ich will ja gar nicht, daß du mir
recht gibst, das würde ich nie verlangen, nie anstreben, nie akzeptieren!
Ich finde mich sogar mit dem Gedanken ab, daß deine Beziehung zu mir
skandalös dialektisch ist! Aber ich muß wissen, wer du bist, was du tust,
was du willst, was du denkst!

Diese Worte brüllt er wie ein Verrückter.
Der Adler sitzt da wie ein Denkmal des Schweigens und der Einsam-
keit.
Monique sieht ihn an: mit einem Ausdruck, der nichts Gutes erwartet
und nichts Gutes verheißt, eiskalt.
Von einer Art Panik ergriffen, stürzt sich M. Courneau auf seine
Gefährtin und umarmt sie, als wollte er bei ihr Schutz und Trost
suchen. Monique bleibt jedoch eiskalt.

M. COURNEAU *(als würde er delirieren, außer sich)*: Il n'ya plus qu'une
semaine… Il n'y a plus qu'une toute petite semaine…

Aber plötzlich hebt er den Blick, hat eine großartige Idee. Er schweigt,
schweigt, dann bricht es plötzlich aus ihm heraus: Attends…
Attends… Mais oui. J'ai encore des chances! Une idée formidable!

Überblendung.

Arena des ›Grand Cirque‹
Innen. Tag

Der Adler sitzt auf seiner Stange mitten in der Arena des ›Grand Cirque de France‹.

Die Sitzreihen rundherum sind leer, aber in der Arena ist alles versammelt, worauf ein Zirkus stolz ist: Tiere und Clowns.
Alle Tiere und alle Clowns sitzen in ihrem Käfig.
M. Courneau sieht den Adler an, versöhnlich und heiter.

M. COURNEAU: Schau, das sind deine Brüder!

Kurzer Kameraschwenk auf die Tiere und die Clowns in ihren Käfigen.

M. COURNEAU: Du sollst sehen, daß sie eingewilligt haben, eine Beziehung zum weißen, zivilisierten Menschen aufzunehmen und dessen Lebensweise als einzig mögliches Modell zu akzeptieren, voilà!

Er nähert sich einem Käfig, an dem ein Schild mit der Aufschrift KONGO-KROKODIL *hängt.*

M. COURNEAU *(zum Adler):* Ich bitte dich, schau gut zu. *(zum Kongo-Krokodil)* Monsieur le Crocodile du Congo *(er spricht französisch)*
Untertitel: Was ist der größte Wunsch Eures Lebens?

KONGO-KROKODIL *(auf französisch)*:
Untertitel: In Brüssel zu studieren, natürlich, um den Magistertitel zu erlangen!

M. COURNEAU *(zum Adler, nachdrücklich)*: Den Magistertitel, hast du verstanden?

Jetzt tritt M. Courneau zum Käfig eines Affen mit dem Schild RUANDA-SCHIMPANSE.

M. COURNEAU: Monsieur le Chinpansé du Ruanda *(er spricht französisch)*
Untertitel: Was ist Euer Ziel?

RUANDA-SCHIMPANSE *(auf französisch):*
Untertitel: Ich möchte in einem Bergwerk in Lille arbeiten, Geld verdienen und einen Friseursalon eröffnen.

Schild: AMAZONAS-PYTHON

M. COURNEAU: Et vous, Monsieur le Python?
PYTHON *(auf französisch):*
Untertitel: Ach, ich! Nach Paris fahren, zu einem großen Modeschöpfer, Christian Dior, Courrèges...

Schild: SAHARA-HYÄNE

M. COURNEAU: Et vous, Madame la Hyène du Sahara?

HYÄNE *(auf französisch):*
Untertitel: Nach Rom gehen und Journalistin werden!

Schild: ALGERIEN-LÖWE... *Aber der Löwe ist nicht da: der Käfig ist leer.*
M. Courneau hat aus Zerstreutheit einen Fauxpas begangen.

M. COURNEAU: Hmm... hmmm...

Schild: GHANA-KAMEL

M. COURNEAU: Et vous, Monsieur le Chameau du Ghana?

KAMEL *(auf französisch):*
Untertitel: Ich möchte die ganze großartige europäische Kultur kennenlernen, von Marx bis Lévi-Strauss, und sie in der Hauptstadt meines Landes unterrichten!

Schild: MITTELMEER-CLOWN

M. COURNEAU: Et vous, s'il vous plaît, Monsieur le Pantin Méditerranéen?

MITTELMEER-CLOWN *(auf französisch):*
Untertitel: Euren Nationaltanz, die Tarantella, vor der englischen Königin tanzen!

M. Courneau nähert sich dem Adler, wobei er kaum verbergen kann,
daß er wieder Hoffnung geschöpft hat, und beginnt zu reden, wobei er
sich zu beherrschen versucht, ruhig, schrecklich ruhig.

M. COURNEAU: Also, es versteht sich natürlich von selbst, daß deine Wünsche nicht so bescheiden sein müssen. Wünsch dir ruhig, nach Paris, nach London, nach Rom zu gehen, um dort Philosophie oder Mathematik zu studieren: Aber zuerst mußt du unsere Welt akzeptieren, und sei es auch nur, um sie abzulehnen! Sag ein Wort! Sprich!

Der Adler schweigt.

M. COURNEAU: Sprich!

Der Adler schweigt.

M. COURNEAU *(brüllt wie ein Verrückter)*: Sprich!

Der Adler schweigt.
Da bekommt M. Courneau einen Anfall, er gerät derart außer sich, daß
er einen Augenblick lang keinen klaren Gedanken mehr fassen kann.

M. COURNEAU: Hitler hatte recht! Hitler hatte recht! Wie er sollte man es machen mit euch minderwertigen Rassen, mit euch Partisanen, Zigeunern, Päderasten, Mystikern! Ins Konzentrationslager, in die Gaskammer mit euch! Die OAS hatte recht! Foltern sollte man euch, um euch zum Reden zu bringen! Her mit der OAS! Die Nägel sollte man euch ausreißen, euch Viechern, die Hoden mit elektrischem Strom verbrennen! Die OAS, die OAS!

Und nachdem er ungestüm diese Worte hervorgestoßen hat, stürzt er
ohnmächtig zu Boden, vielleicht infolge eines Schlaganfalls; er schlägt
um sich, klagt, röchelt. Monique nimmt ihn in die Arme und sieht
abwechselnd ihn und den Adler an: ihn voller Verzweiflung, den Adler
mit dem Zorn einer Medea. Der Adler schweigt. Auch Ninetto wirft
sich auf den wild zuckenden Körper seines Prinzipals, fächelt ihm Luft
zu, schlägt ihm leicht ins Gesicht, teils erschrocken, teils gerührt.
Schließlich kann er seine Gefühle nicht länger im Zaum halten, und er
sagt zum Adler, gewissermaßen von Mann zu Mann:

NINETTO: Los, komm! Reiß dich zusammen! Willste ihn verrecken lassen, den armen Hund? Haste kein Mitleid? Sei nich so stur!

Und er beugt sich über seinen ohnmächtigen Prinzipal. Aber in diesem Augenblick ertönt im Off eine kreischende und kräftige Stimme.

STIMME DES ADLERS: Wollt ihr wirklich wissen, was ich tue?

Wie vom Blitz getroffen drehen sich die drei zum Adler um. M. Courneau richtet sich auf und betrachtet den Adler wie eine Gottheit.

DER ADLER: Ich bete!

Überblendung.

Gedenkstätte des ›Grand Cirque‹
Innen. Tag

Der Adler, aufs neue stumm. Und doch irgendwie weniger unnahbar; immerhin hat er einmal gesprochen. Sein Auge hat etwas Menschliches. M. Courneau – mit Ninetto und vielleicht auch Monique neben sich – steht vor ihm. Auch er ist irgendwie verändert. Inzwischen trägt er nicht mehr sein prunkvolles Dompteurkostüm, sondern ist ganz bescheiden in Schwarz gekleidet, mit einem offenen, weißen Kragen: Er wirkt nicht mehr so offiziös, sondern ruhig und konzentriert – wie manche ›moderne‹ Priester.

M. COURNEAU: Ich habe verstanden, zwischen der Welt der abendländischen Zivilisation und deiner Welt... der Dritten Welt... steht die Religion... Ich verstehe sie zwar nicht, aber ich *muß* es tun... Und vielleicht... vielleicht... vielleicht... vielleicht... vielleicht... vielleicht...

Er sitzt da, mit einem Buch in der Hand. Er konzentriert sich einen Augenblick lang, wie jemand, der gleich etwas Bedeutsames vorlesen wird. Und dann nennt er, gesenkten Blickes und mit erloschener

Stimme, in der Art gewisser Schauspieler, Autor und Titel des Werkes, aus dem er vorlesen wird: Pascal, »Pensées«.

M. COURNEAU *(liest Pascal).*

Nach dem ersten Satz wirft er einen Blick auf den Adler, voll banger Hoffnung. Der Adler sitzt stumm da (ist aber auf geheimnisvolle Weise menschlicher geworden). Und Ninetto ist schon wieder eingeschlafen.

M. COURNEAU *(fährt mit der Pascal-Lektüre fort).*

Noch ein Blick auf den Adler.
Ninetto schnarcht.

M. COURNEAU *(liest einen dritten Satz von Pascal).*

Während er liest, hört man aus weiter, weiter Ferne süße, dunkle Klänge: dieselbe Musik, die auch während des Dokumentarfilms zu hören war, in dem Augenblick, in dem der Pfarrer und die Bauern von Combray eine aufrichtige und unerwartet feierliche Religiosität an den Tag gelegt hatten.
Zuerst leise – dann immer lauter – ein Motiv aus der »Johannes-Passion«.
M. Courneau liest weiter, aber seine Augen sehen...

Die Berge des Adlers
Außen. Tag

Ein oder zwei flüchtige, beinahe nicht wahrnehmbare Aufnahmen einer wüstenhaften, gebirgigen Einöde.
Motiv aus der »Johannes-Passion«, das sofort verklingt.

Gedenkstätte des ›Grand Cirque‹
Innen. Tag

Nachdem sich die Vision vom einsamen Reich des Adlers sofort wieder verflüchtigt hat, fährt M. Courneau mit seiner Lektüre fort.

M. COURNEAU *(fährt fort, Pascal vorzulesen).*

Ninetto schläft friedlich, ausgestreckt auf einem Stuhl. Auch der Adler hat den Kopf unter einen Flügel gesteckt.

Überblendung.

Gedenkstätte des ›Grand Cirque‹
Innen. Tag

Der Adler. M. Courneau steht vor ihm, mit einem anderen Buch in der Hand. Er wendet sich beinahe schüchtern an den Adler, zittert beinahe vor Angst, er könnte sich nochmals irren.

M. COURNEAU: Ich dachte... ich dachte... der Text von Pascal sei vielleicht etwas zu speziell... *(er geniert sich)*... etwas langweilig... altmodisch... Hier ist etwas anderes... *(er zeigt schüchtern das neue Buch)* kein religiöser Text im eigentlichen Sinn... und doch auf seine Weise religiös... *(er liest den Titel)* Rimbaud, »Une saison à l'enfer«.

Ninetto fällt schlafend auf einen Stuhl und gibt sich einem süßen Schlummer hin.

M. COURNEAU *(liest Verse von Rimbaud).*

Und beäugt den schläfrigen Adler.

M. COURNEAU *(liest Verse von Rimbaud).*

Wie am Tag zuvor hört man aus der Ferne die Musik: Und die Augen von M. Courneau sehen...

Die Berge des Adlers
Außen. Tag

Wieder Aufnahmen einer wüstenhaften, erhabenen Einöde.
Aber diesmal sind sie etwas länger zu sehen, bevor sie verschwinden.
Und man spürt eine Bewegung, die auf sie zuführt, eine Art Sog...
Leise ertönt des Motiv der »Johannes-Passion«. Das einsame Reich des
Adlers verschwindet in dem Augenblick, in dem es ganz nah scheint.

Gedenkstätte des ›Grand Cirque‹
Innen. Tag

Kaum hat sich die Vision verflüchtigt, liest M. Courneau einen Augen-
blick lang weiter, dann... hebt er den Blick zum Adler und sieht ihn an,
als sähe er ihn zum ersten Mal.
Der Adler.
Ninetto kaut Kürbiskerne.
M. Courneau beobachtet den Adler wie verzückt, wie unter einem inne-
ren Zwang stehend, wie kurz vor einer Trance.
Er gibt sich einen Ruck und liest weiter.

M. COURNEAU *(liest einige Worte von Rimbaud).*

Aber er hört sofort wieder auf: Und er beginnt von neuem den Adler zu
beobachten, zu studieren, und zwar derart aufmerksam, daß er wie von
selbst dessen Haltung, wenn nicht gar dessen Ausdruck annimmt. Er
gibt sich noch einmal einen Ruck und liest weiter.

M. COURNEAU *(liest Verse von Rimbaud).*

Ninetto kaut Kürbiskerne, eingelullt von den unverständlichen Versen.
Aber die Stimme von M. Courneau verstummt aufs neue.
M. Courneau sitzt schweigend vor dem Adler und beobachtet ihn auf-
merksam, in einem Zustand der Verzückung.
Ninetto wiederum betrachtet lange und fragend M. Courneau, der
unbeweglich dasitzt.

Jetzt hält Ninetto M.Courneau das Päckchen Kürbiskerne hin, ein
wenig verlegen.

NINETTO: Paar Kerne gefällig, Missjö Courneau?

Überblendung.

Gedenkstätte des ›Grand Cirque‹
Innen. Tag

Diesmal ist M.Courneau noch deprimierter und mutloser. Seine Bewe-
gungen sind mechanisch, wie in einem Zustand der Starre und der psy-
chischen Auflösung.
Er spricht mit dem Adler (der nach wie vor dasitzt, aufs neue unweiger-
lich stumm), mit monotoner und fast erloschener Stimme.

M. COURNEAU: Ich dachte... ein etwas aktuellerer religiöser Text... offi-
ziell und dennoch tief empfunden...

Ninetto fällt schlafend zu Boden.

M. COURNEAU:... würde dich, mit einem Wort, mehr interessieren ...
(liest den Titel) »Pacem in terris«.

Ninetto schläft tief und fest, während M.Courneau aus der Enzyklika
vorliest.

M. COURNEAU *(liest die ersten Worte der Enzyklika).*

Ganz fern und leise hört man wieder ein Motiv aus der »Johannes-Pas-
sion«, und die Augen von M.Courneau sehen...

Die Berge des Adlers
Außen. Tag

Diesmal fliegen wir in großer Höhe.
Die Perspektive ist die eines Hubschraubers im Gebirge, der sich abwechselnd in die Kurve legt und dahingleitet, der aufsteigt und sich fallen läßt, ohne Ende.
Musik aus der »Johannes-Passion«.
Diesmal sind die Aufnahmen aus der »Perspektive von jemandem, der fliegt« lang und eindringlich, wie eine Vision, die nicht verblaßt, sondern wie in einem Rauschzustand immer neue Formen annimmt.
Steinwüsten, Schneefelder, die Weite des Himmels, endlose menschenleere Gegenden folgen aufeinander vor den Augen dessen, der fliegt, der sich nach einer geheimnisvollen Einsamkeit, nach einem menschenleeren Reich sehnt.
Die Musik aus der »Johannes-Passion« ist jetzt ganz laut, mächtig, mitreißend.
Sobald die Aufnahmen der einsamen, vormenschlichen Welt verblassen, sieht man M. Courneau...

Gedenkstätte des ›Grand Cirque‹
Innen. Tag

... der den Adler verzückt betrachtet.
Das Buch fällt ihm aus der Hand: Und er hockt sich auf die Rückenlehne des Stuhls, wobei er genau dieselbe Haltung einnimmt wie der Adler, in einer Art verzückten »imitatio aquilae«.
Ninetto wacht auch diesmal auf, weil es plötzlich still ist, öffnet die Augen und erblickt die ungewöhnliche Szene.
Etwas erschrocken, aber auch etwas belustigt aufgrund der merkwürdigen Situation, springt er auf und brüllt aus vollem Hals:

NINETTO: Madame Monique! Madame Monique! Schaut, was Euer Mann macht!

Dann dreht er sich zu M. Courneau um und fragt ihn, wobei sein Blick verrät, daß er sich der Sinnlosigkeit seiner Frage sehr wohl bewußt ist.

NINETTO: Missjö Courneau, früher habt Ihr besser ausgesehen, mit den vielen Macken... *(bei der Erinnerung muß er ein wenig lachen).*

In diesem Augenblick kommt Monique, die ihrem zum Scheitern verurteilten Mann schon seit einiger Zeit die kalte Schulter zeigt und ihn nun kühl und distanziert betrachtet.
Während sie M. Courneau betrachtet, gibt Ninetto seinen armseligen Kommentar von sich, teils gerührt, teils belustigt über den Zustand seines Prinzipals:

NINETTO: Seht Ihr, wie er dahockt? Hab' schon lange das Gefühl, er bräucht 'nen Doktor... wie versteinert, rührt sich nicht von der Stelle... will er Fakir werden? Kriegt man Angst vom zusehen... Tut was, sagt was!

Monique, die alles begriffen hat, sagt nur ein Wort:

MONIQUE: Merde!

Aber plötzlich springt M. Courneau auf und läuft wie ein Wahnsinniger aus der Gedenkstätte hinaus. Ninetto folgt ihm, halb mitleidig, halb belustigt.

Auf den Straßen Roms
Außen. Tag

M. Courneau bahnt sich, auf einer Straße am Rande Roms, einen Weg durch die Menge.
Ninetto folgt ihm auf den Fersen, gerät jedoch außer Atem und fällt etwas zurück.
M. Courneau verfügt über eine unbändige Energie, und inmitten der Passanten, die sich verwundert umdrehen, schlägt er mit den Armen, als wären es Flügel.

Bahnhof Termini
Außen. Innen. Tag

M. Courneau eilt durch die Menschenmenge im Bahnhof, nach wie vor
mit den Armen schlagend, als wären es Flügel, in Richtung der Gleise.
Ninetto folgt ihm treu, obwohl er so außer Atem ist, daß er kaum noch
kann.

Landschaft an der römischen Peripherie
Außen. Tag

Der Schnellzug läßt Rom hinter sich und fährt in Richtung Berge.
M. Courneau hockt unerschütterlich, unbeugsam und unnahbar auf
dem Dach eines Waggons.
Ninetto tritt ans Fenster, sieht ihn und brüllt ihm zu:

NINETTO: Wo is Eure Fahrkarte, Missjö Courneau?

Die Berge des Adlers
Außen. Tag

Wir befinden uns mitten im einsamen, stillen, erhabenen Reich des
Adlers.
M. Courneau läuft unten im Tal, am Fuße der verschneiten Berge.
Ninetto folgt ihm noch immer auf den Fersen, am Ende seiner Kräfte.
Und jetzt bleibt M. Courneau stehen und konzentriert sich: Und indem
er mit den Armen schlägt, als wären es Flügel, schwingt er sich in die
Lüfte.
Er steigt auf, steigt, fliegt höher, dem Himmel zu. Sein Gesicht hat den
besessenen und mystischen Ausdruck des Raubvogels.

Er steigt auf, läßt sich fallen, steigt wieder auf, gleitet mit ausgebreiteten Flügeln, steigt immer weiter empor. Ninetto unten im Tal wird immer kleiner, und aus immer weiterer Ferne hört man ihn schreien:

NINETTO: Heeee! Missjö Courneau, wo wollt Ihr hin? Kommt runter! Tut man das? Missjö Courneau! Missjö Courneau!

Sein Ruf verklingt, während der zum Adler gewordene M. Courneau dahingleitet, immer weiter empor, in Richtung der hohen, strahlenden Gipfel.

Wald in Umbrien
Außen. Tag

Ein Baum, ein großer, stiller Baum voller Vögel. Sie sitzen reglos auf den Zweigen, sieben, acht, zehn, zwanzig Vögel pro Zweig: Vögel aller Arten und in allen Farben, Spatzen, Lerchen, Drosseln, Wachteln, Finken, Zeisige, Rotkehlchen, Nachtigallen, Tauben; sie sind aufmerksam und konzentriert und bewegen nur hin und wieder die Flügel oder die kleinen geheimnisvollen Köpfchen.
Ganz leise erklingt das Motiv der »Johannes-Passion«, während der heilige Franziskus vor dem Baum kniet und den Vögeln predigt: Er sieht ebenfalls aus wie ein Vogel, dünn und weise, schlank wie ein Rohr, mit einem schweren Tropfen Licht in den barmherzigen, heiteren Augen.

HEILIGER FRANZISKUS: Brüder Vögel, danket eurem Schöpfer aus ganzem Herzen dafür, daß er euch ein derart edles Element als Behausung gegeben hat, so daß ihr wählen könnt zwischen bewölktem und heiterem Himmel. Und dafür, daß er euch Plätze gegeben hat, wo ihr Zuflucht findet vor den Stürmen; und das helle, klare Element, und Nahrung, von der ihr leben könnt.

Während der heilige Franziskus spricht, beobachten die anderen Mönche, die im Kreis um ihn herumstehen, verblüfft und fröhlich das Wunder.

HEILIGER FRANZISKUS: Zudem hat er euch Flügel wachsen lassen, so daß ihr fliegen könnt, wohin ihr wollt... Aus diesem Grunde lobpreiset den Herrn, denn er hat euch mehr zuteil werden lassen als den meisten seiner Geschöpfe.

Die Vögel und die Mönche lauschen ehrfurchtsvoll. Als der heilige Franziskus mit seiner Rede zu Ende ist, versenkt er sich in ein kurzes Gebet, dann hebt er das heilige Haupt und sieht seine Gefährten der Reihe nach an.

HEILIGER FRANZISKUS: Eine Menge Seelen lassen sich durch eine Vogelpredigt bekehren, denn bei diesem Anblick kehren die Ketzer zum wahren christlichen Glauben zurück, und die Gläubigen, von großer Heiterkeit ergriffen, werden in ihrem Glauben getröstet und gefestigt.

Er heftet den Blick zuerst auf einen gewissen Bruder Ciccillo, dann auf einen gewissen Bruder Ninetto.

HEILIGER FRANZISKUS: Deshalb beauftrage ich dich, Bruder Ciccillo, und dich, Bruder Ninetto, die Vogelpredigt zu Ende zu führen. Und ich gebe euch den Rat, mit zwei sehr unterschiedlichen Vogelarten zu beginnen: den anmaßenden Falken und den bescheidenen Spatzen.

Bruder Ciccillo und Bruder Ninetto sehen den Heiligen verblüfft an, beinahe als wollten sie zu weinen beginnen.
Aber der heilige Franziskus ist in Eile, er ist schon dabei wegzugehen und verabschiedet sich von ihnen.

HEILIGER FRANZISKUS: Lob sei Gott, dem Herrn.
BRUDER CICCILLO UND BRUDER NINETTO: Amen.

Der heilige Franziskus und die anderen Mönche gehen also weg und verschwinden langsam im kühlen Schatten des Waldes.
Die beiden Mönche stehen eine Zeitlang wortlos da, in der Stille und Einsamkeit, unfähig, ein Wort hervorzubringen: Sie sehen sich fragend und besorgt an.
Bruder Ciccillo sieht Bruder Ninetto an.
Bruder Ninetto sieht Bruder Ciccillo an.
Dann sieht Bruder Ciccillo wieder Bruder Ninetto an.
Und natürlich sieht Bruder Ninetto wieder Bruder Ciccillo an.
Und dann, ja dann sieht Bruder Ciccillo zum dritten Mal Bruder Ninetto an.
Und Bruder Ninetto sieht stumm Bruder Ciccillo an.
Auf einem Zweig über den Köpfen der beiden Mönche bewegt ein Vogel, der mit einem unschuldigen Gezwitscher auf sich aufmerksam gemacht hat, das Köpfchen, als wolle er sich auf anmutige Weise über die beiden lustig machen.
Bruder Ninetto sieht den Vogel an.
Das Vögelchen nickt weiterhin schelmisch mit dem Kopf, als wollte es sagen: »Ha, Pech gehabt!«
Bruder Ninetto sieht den Vogel an: Dann überkommt ihn plötzlich eine kindische Laune, als hätte er den heiligen Franziskus und alles andere vergessen, er hebt die Kutte, zieht seine Steinschleuder hervor, kniet nieder, um einen Stein aufzuheben, und zielt.
Bruder Ciccillo greift ein, besorgt und barmherzig.

BRUDER CICCILLO: Was tust du, Unseliger, was tust du?

*Ninetto dreht sich zu ihm um, wird sich seiner Grausamkeit bewußt,
lacht ein wenig und erfindet eine Ausrede (er ist ein wenig verlogen):*

BRUDER NINETTO: Wollt ihn gar nicht treffen, den Vogel... die Steinschleuder wollt ich kaputtmachen... brauch' sie ja nicht mehr... *(die letzten Worte mit leiser Wehmut).*

Bruder Ciccillo geht ruhig zu ihm hin.

BRUDER CICCILLO: Gib her...

*Ninetto streckt sie ihm unschlüssig hin, setzt jedoch eine Miene auf, als
wolle er sich beim anderen einschmeicheln, um die Steinschleuder
behalten zu dürfen.*

BRUDER NINETTO: Is nicht von mir...
BRUDER CICCILLO: Gib her!
BRUDER NINETTO: ...is von 'nem Freund.
BRUDER CICCILLO: Her damit!

Ninetto muß sie ihm geben, zu Tode betrübt.
*Bruder Ciccillo nimmt die Steinschleuder und hängt sie an einen Zweig
– so wie ein Krieger die Waffe an den Nagel hängt.*

BRUDER CICCILLO: Und jetzt vergiß sie!

*Ninetto wirft einen wehmütigen Blick auf seine Steinschleuder, sein
Kinn zittert, und er schluchzt ein wenig.*
*Bruder Ciccillo setzt sich zu Füßen eines Baumstumpfes nieder, zutiefst
in Gedanken versunken und, um die Wahrheit zu sagen, auch etwas
verzagt.*

BRUDER CICCILLO *(nach einer Weile)*: Stellen sich das so vor, die Heiligen... nicht gerade einfach, mit Vögeln zu reden...

*Ninetto benutzt diesen Augenblick der Schwäche sofort, um den ande-
ren noch mehr zu entmutigen.*

BRUDER NINETTO: Sag ich auch...

BRUDER CICCILLO: Sei still! *(dann überläßt er sich wieder seinen trüben Gedanken)* Ob der glaubt, ich bin auch 'n Heiliger?
BRUDER NINETTO: 'n Heiliger, mit der Visage?
BRUDER CICCILLO: Was auszusetzen an meiner Visage?

Ninetto nützt auch diesen Augenblick menschlicher Schwäche aus, um den anderen zum Aufgeben zu bewegen.

BRUDER NINETTO: Hab ich Euch beleidigt? *(in seinen glänzenden Augen blitzt ein Lachen; dann wird er wieder ernst und förmlich)* Los, Bruder Ciccillo... gehn wir zurück zum heiligen Franziskus und sagen, wir sind die Falschen, er soll wen anders schicken...
BRUDER CICCILLO: Sei still, sonst...

Ninetto spürt jedoch, daß Bruder Ciccillo nicht von seinen Worten überzeugt ist, und redet hartnäckig weiter:

BRUDER NINETTO: Ich weiß was! Wir gehn zu dem Bauern von gestern, wo's den guten Ricotta gibt. Schlafen dort, essen dort... und in 'nem Monat sind wir wieder da und sagen: »Heil'ger Franziskus, nix zu machen, die Vögel wollen Euch!«

Aber Bruder Ciccillo hört ihm gar nicht mehr zu. Er hat sich niedergekniet, sich bekreuzigt, sich in ein kurzes und intensives Gebet versenkt. Dann hebt er den Blick, in dem ein neues Licht leuchtet, und sagt, teils zu Ninetto, teils zu sich selbst:

BRUDER CICCILLO: Heilige sind wir nicht, wie auch! Zwei arme Idioten sind wir, aber Gott sei Dank, mit Verstand!

Er klopft sich froh und zufrieden mit dem Zeigefinger an die Schläfe. Ninetto hat sich inzwischen umgesehen: Auch er wird plötzlich, wenn auch aus ganz anderen Gründen, von einer großen Fröhlichkeit ergriffen.

BRUDER NINETTO: Seht her, Bruder Ciccillo, die schönen Pflaumen! Zeit, was zu essen!

Bruder Ciccillo, in einem Anfall von Glauben und Hoffnung, hat sich erhoben und geht den Weg nach Assisi hinunter, im kühlen Schatten der Eichen.

BRUDER CICCILLO: Los, komm, komm, los, los, komm!

*Ninetto folgt ihm auf den Fersen, und die beiden Mönche laufen Hals
über Kopf den Weg nach Assisi hinunter.*
*Bruder Ciccillo hört und sieht nichts außer seiner Eingebung, Bruder
Ninetto läuft ihm pfeifend nach.*

Auf den Straßen von Assisi
Außen. Tag

*Die beiden Brüder eilen die steilen Straßen Assisis hinauf. Vorne Bruder
Ciccillo, aufgeregt und fest entschlossen, sich dem heiligen Franziskus
als würdig zu erweisen.*
*Dahinter Ninetto, der ihm wie ein Hündchen nachläuft, pfeifend, fröh-
lich, zerstreut und gedankenlos.*
*Sie steigen die kurzen, steilen Gäßchen hinauf, zwischen den Häusern
mit den wenigen Fenstern, auf den menschenleeren Gassen.*
*Und oben, auf dem Gipfel des Hügels von Assisi, zeichnet sich mit
einem Mal die Burg gegen den glasklaren Himmel ab.*

Unterhalb der Burg von Assisi
Außen. Tag

*Die beiden Mönche erreichen keuchend die Burg und bleiben stehen,
spitzen die Ohren und betrachten die Wiese unterhalb der Mauern, den
Himmel.*
Sie schauen sich lange und schweigend um, mit gespitzten Ohren.
Plötzlich in der Ferne der Schrei eines Falken.
Auf den ein zweiter, genauso schwacher und geheimnisvoller, folgt.
Wiederum der ferne Schrei eines Falken.

BRUDER NINETTO: Also? Was sagen wir?

*Bruder Ciccillo bringt ihn mit einer Geste, die keine Widerrede duldet,
zum Schweigen: Und er selbst spitzt die Ohren, höchst gespannt und
konzentriert.
In der Ferne kreischen die Falken.
Eine Zeitlang schweigt auch Ninetto, mit gespitzten Ohren, aber er
widersteht nicht lange der Versuchung, seiner Fröhlichkeit und seinem
Staunen Ausdruck zu verleihen.*

BRUDER NINETTO: Wißt Ihr, was sie sagen, Bruder Ciccillo: »Idioten«,
sagen sie, »wohin ohne Regenschirm?«

*Aber Bruder Ciccillo hört ihm gar nicht zu; er achtet einzig und allein
auf die fernen Stimmen der Falken, deren geheimnisvolle und ferne
Melodie er enträtseln will.
Ninetto setzt sich geduldig hin und wartet, hin und wieder wirft er dem
verzückt lauschenden Bruder Ciccillo einen skeptischen Blick zu.
Bruder Ciccillo verharrt lange reglos.
Ninetto ist beeindruckt von seinem Schweigen und seiner Reglosigkeit.*

BRUDER NINETTO: Wenn Ihr mich braucht... n' Wort genügt...

*Und tut, als würde er sich ausstrecken und in aller Ruhe schlafen legen,
mit einer Hand unter dem Krauskopf und einem Leuchten in den fröhlichen Augen.*

*Aber Bruder Ciccillo schenkt ihm nach wie vor kein Gehör. Er kniet
sich ganz langsam hin und bekreuzigt sich: Dann wendet er sich direkt
an den Herrn.*

BRUDER CICCILLO: Geloben tu' ich, und, Herr, gebt mir Kraft dazu, daß
ich hier knien bleib, bis alle Falken bekehrt sind, von der Burg und von der
ganzen Welt, wie's der heilige Franziskus will von mir.

Überblendung.

Unterhalb der Burg von Assisi
Außen. Tag

Um die Zeit totzuschlagen, pflückt Ninetto (nach ein paar Tagen) Margeriten. Ruhig, heiter und gedankenlos bindet er sie zu einem schönen Strauß zusammen.
Hin und wieder blickt er hinauf ans obere Ende der Wiese, zu Bruder Ciccillo, der noch immer an derselben Stelle kniet, wo er gelobt hatte, bis zum Ende seines Vorhabens zu bleiben.
Plötzlich tauchen drei Bauernlümmel auf, die von der Arbeit oder von sonstwo kommen, und bleiben neben ihm stehen: Cicala, Picchietto und Gallinaccio.

CICALA: He, was is mit dem los?
PICCHIETTO: Was weiß ich! Wird 'n Wiesen-Bruder sein...

Gallinaccio geht sofort zur Attacke über:

GALLINACCIO *(zu Bruder Ciccillo)*: He du, biste Christus auf den Fersen?

Grinsend nähern sich die drei dem Mönch, fröhlich und zu gotteslästerlichen Scherzen aufgelegt: Und Gallinaccio baut sich vor ihm auf, in seiner ganzen Größe.

GALLINACCIO: Na, was is? Wär' ich zu brauchen als Mönch? Glaubt mir, ich fress' fast nix!

Und sie lachen schallend, ein bemühtes und unmenschliches Lachen. Ninetto, der am unteren Ende der Wiese, mit dem Strauß Margeriten in der Hand steht, wird argwöhnisch. Sein Blick verfinstert sich, dann eilt er, immer schneller laufend, Bruder Ciccillo zu Hilfe, den die drei Tölpel mit ihren bösartigen Späßen peinigen.
Cicala, der kleinste der drei, noch ein Grünschnabel, hat eine gemeine Idee, und indem er mit dem Kinn auf den Mönch zeigt, sagt er:

CICALA: He, wixen wir ihm einen?

Gerade, als sie ihr frevelhaftes Vorhaben ausführen wollen, kommt Ninetto gelaufen, mit den Margeriten in der Hand.

BRUDER NINETTO *(keuchend)*: He, laßt ihn in Ruh! Was soll das! Aufhören!

PICCHIETTO: Da kommt der Margeriten-Bruder!

BRUDER NINETTO: Schämen würd' ich mich! 'nen Heiligen schikanieren, 'nen Heiligen!

Bei dem Wort »Heiliger« brechen die drei in lautes Gelächter aus, in ein markerschütterndes »huhu, haha«.

GALLINACCIO: Ja, der heilige Täuberich!

Bei dieser Schmähung kann sich Ninetto, der arme krausköpfige Mönch, nicht länger zurückhalten, er stürzt sich auf den Peiniger Bruder Ciccillos und versetzt ihm einen Fausthieb.
Jetzt machen sich die drei einen Spaß mit ihm, sie spielen »heiliger Antonius« mit ihm und werfen ihn sich gegenseitig zu wie einen Ball.
Dann gehen sie pfeifend davon, dreist, die Hände in den ausgebeulten Taschen. Ninetto hängt benommen über dem Ast eines Baumes, mit dem Kopf nach unten.
Eine Amsel setzt sich unschuldig auf seinen Hintern und bewegt anmutig das Köpfchen hin und her, als wolle sie sich über ihn lustig machen. In der Ferne, rund um die Burg und am schweigenden Himmel, kreischen die Falken.

Unterhalb der Burg von Assisi
Außen. Tag

Die Falken kreischen in der Einsamkeit des Himmels und der Burg, in der kühlen Morgenluft.
Bruder Ciccillo kniet noch immer am selben Ort, seine Knie sind wie angewachsen.
Bruder Ninetto bleibt sanftmütig in seiner Nähe, leistet ihm Gesellschaft, betrachtet ihn.
Das Gras rund um Bruder Ciccillo ist schon ziemlich hoch.

BRUDER NINETTO: Verflixt, das Gras schießt ja wie verrückt in die Höh, Bruder Ciccillo! Wir sind wirklich Wiesen-Brüder, wie die drei sagen.

Haufenweis Zichorie! Efeu... und 'n paar Brennesseln ...*(kleine Pause)*
Ich reiß' ein paar aus, wenn's Euch recht is!

Aber Bruder Ciccillo taucht aus seiner mystischen Andacht nur auf, um
ihn mit der üblichen gebieterischen Geste zum Schweigen zu bringen.

BRUDER CICCILLO: Psst!

Und ist wieder ganz Ohr.
In der Ferne kreischen die Falken.
Bruder Ciccillo konzentriert sich ein wenig, als hätte er eine Eingebung,
dann bricht es aus ihm heraus:

BRUDER CICCILLO *(kreischt wie ein Falke)*

Der Schrei gerät jedoch etwas schrill, so unglaubwürdig und »mensch-
lich«, daß Ninetto unbändig zu lachen beginnt.
Ninetto lacht, lacht und lacht, aus vollem Hals und ohne Atem zu
schöpfen, als könnte er nie wieder aufhören; er hält sich mit den Hän-
den den Bauch und wälzt sich im Gras.

Überblendung.

Unterhalb der Burg von Assisi
Außen. Tag

Inzwischen ist es Hochsommer.
Bruder Ciccillo kniet reglos da und horcht: Er ist von oben bis unten
bedeckt vom Laub und den Ästen des Efeus und der anderen Kletter-
pflanzen. Bruder Ciccillo ist ein hübscher Strauch geworden.
Kreischen der Falken.

Überblendung.

Unterhalb der Burg von Assisi
Außen. Tag

Inzwischen ist es Herbst.
Bruder Ciccillo kniet reglos da und horcht. Er ist noch immer von Klet-
terpflanzen bedeckt: Aber die Blätter sind dürr geworden. Ein Wind-
stoß fegt die letzten Blätter weg, und Bruder Ciccillo ist von einem
Geflecht dürrer Äste bedeckt.
Kreischen der Falken.

Überblendung.

Unterhalb der Burg von Assisi
Außen. Tag

Inzwischen ist es Winter.
Bruder Ciccillo kniet reglos da und horcht.
Auf ihm und dem Geflecht der dürren Äste, das ihn bedeckt, liegt schö-
ner, weihnachtlicher Schnee, wie eine weiße Decke.
Ninetto hat einen Schneemann gebaut, neben dem er fröstelnd und
traurig steht.
Kreischen der Falken.

Überblendung.

Unterhalb der Burg von Assisi
Außen. Tag

Inzwischen ist es wieder Frühling.
Bruder Ciccillo kniet reglos da und horcht: Das Gewirr der Kletter-
pflanzen, das ihn bedeckt, ist voller Knospen und zarter grüner Blätter.
Die Falken kreischen.

Ninetto kniet neben Bruder Ciccillo, der wieder zu einem hübschen Strauch geworden ist. Er ist zutiefst enttäuscht und entmutigt. Er schweigt um des Schweigens willen: Aber dann hält er es nicht mehr aus und platzt heraus:

BRUDER NINETTO: Hab's satt, ich geh'! Was soll ich hier, gibt ja nix zu tun... Mit Vögeln reden! Kann nicht mal mit Menschen reden! Was soll ich hier, sagt Ihr mir, wozu ich hier bin! Ihr habt was nachzudenken, aber ich? Ich zähl' die Raupen, den ganzen Tag, den ganzen langen Tag, von früh bis spät... Hab's satt, endgültig satt!

Seine eigene Rebellion reißt ihn derart mit, daß er aufsteht, als wolle er wirklich gehen. Eine Zeitlang schweigt er, dann sagt er entschieden:

BRUDER NINETTO: Ich geh' nach Haus. Heim zu Mutter.

Er denkt ein wenig darüber nach, dann kommt er beinahe flehentlich zurückgelaufen und kniet sich mit fragendem Blick vor Bruder Ciccillo hin.

BRUDER NINETTO *(wobei sein Kinn fast das von Bruder Ciccillo berührt: flehentlich, mit verhangenem Blick, drauf und dran, in Tränen auszubrechen):* Hab' ich nicht recht, Bruder Ciccillo? Warum steh' ich rum hier, Tag und Nacht, Sommer und Winter, bei Regen und Sonnenschein, und leb' wie 'n Hund?

Die Stimme Bruder Ciccillos, der seit einem Jahr nicht mehr gesprochen hat, klingt tief und geheimnisvoll, beinahe nicht mehr menschlich.

BRUDER CICCILLO: Um in' Himmel zu kommen, mein Sohn!

Dieser einfache Satz trifft Bruder Ninetto wie eine Offenbarung. Er lehnt sich zurück, runzelt die Stirn.
Nach wie vor kniend, lehnt er sich zurück und setzt sich mit dem Hintern auf die Fersen, wobei er nachdenklich den Kopf senkt. Dann blickt er sich um, als würde er sich ein gemütliches Plätzchen suchen. Und er streckt sich unterhalb von Bruder Ciccillo aus.

BRUDER NINETTO: Wenn's recht ist, Bruder Ciccillo, leg' ich mich in Euern Schatten.

*Er stützt den Kopf auf die Handfläche, wobei er den Arm abwinkelt,
und sucht eine Stellung, in der es sich am besten nachdenken läßt.*

BRUDER NINETTO *(lachend, im Vorgeschmack auf eine geheimnisvolle
Freude)*: Der Himmel...

Und schläft ein.

Ninettos Himmel
Innen. Tag

Ninettos Himmel ist von Giotto ausgemalt.
Seine Phantasie geht jedoch nicht über die engen Grenzen des Häus-
lichen und Familiären hinaus: Die »Interieurs« sind karg und ärmlich,
die Gegenstände besitzen jedoch die Würde der einfachen Dinge. Viel-
leicht träumt Ninetto in Farben: ein etwas abgenutztes und abgegriffe-
nes Preußischblau, Schwarz, Ochsenblut, Ocker, schmutziges Grau.
Einfache architektonische Elemente wie Holzsäulen und Fliesenboden
weisen darauf hin, daß wir uns in einem Zimmer befinden.
An der einen Wand befindet sich das Fresko eines Knabenchors: ein
Knabe neben dem anderen, eine Reihe über der anderen. An der ande-
ren Wand befindet sich das Fresko eines Mädchenchors. Engelsgesang
Und in allen Ecken und Winkeln des Himmels wimmelt es von ernsthaf-
ten, schlicht gekleideten Gestalten mit geblähten Backen und breiten
Becken. Ninetto betrachtet etwas eingeschüchtert die Giotto-Gruppen.
Und ganz oben sitzt Gottvater mit langem Bart, inmitten der gewichti-
gen und geheimnisvollen Apostel.
Ninetto bekreuzigt sich und kniet sich mit gefalteten Händen auf den
Boden, der mit großen, rotschwarzen Kacheln belegt ist.

GOTTVATER: Nun, Ninetto, freust du dich, hier zu sein?
BRUDER NINETTO: Na ja, bißchen fremd alles...
GOTTVATER: Schau dich um, schau dich nur gut um...

Ninetto blickt sich schüchtern um: Und in seinen Augen leuchtet sofort
das übliche, schelmische und unschuldige Lachen.

Als erstes entdeckt er einen langen Holztisch, auf dem ein sauberes, schneeweißes Tischtuch liegt, das straff über die Kanten fällt. Und darauf alle Schätze dieser Erde, wie sie Giotto gemalt hätte, gleichzeitig schlicht und würdevoll: Ricotta, Käse, Brotlaibe, Schüsseln, Melonen...

BRUDER NINETTO *(macht einen schüchternen Versuch)*: Hab' ich Hunger!
GOTTVATER: Iß, soviel du willst!

Ninetto läuft zum Tisch und stopft sich den Mund mit Ricotta voll, und mit vollem Mund und weißen Krümeln auf den Lippen blickt er sich dann lachend um und sieht:
Ein großes Bett vor einer unversehrten Wand aus dem 14. Jahrhundert, und rundherum, wie vom Christkind hingelegt, ein Haufen Spielzeug: große Kegel, Bälle, Spielzeugwaffen, ein Schlitten, kleine Trompeten.

BRUDER NINETTO: Ich hab' nie Spielzeug gehabt... nur die Steinschleuder... *(etwas betrübt)* aber die brauch' ich nimmer...
GOTTVATER: Nimm, es gehört alles dir...

Wieder leuchtet ein freudiges Leuchten in Ninettos Augen, er läuft zu den Spielsachen, und mit dem Mund voller Ricotta bläst er fröhlich in die Trompete. Aber da fällt sein Blick auf ein noch großartigeres Schauspiel:
Hinter einer schönen kleinen Tür liegt ein wunderbarer Garten: schlicht, aber wunderbar. Blumenbüschel, Bäume, Wasser und Tiere. Hündchen, Kätzchen, Gazellen, Kamele, Pfaue, Papageien, Äffchen. Der prächtige Anblick eines nackten Urmenschen.
Diesmal hält sich Ninetto nicht mit Komplimenten auf: Er läuft sofort in den Garten, begeistert, nimmt zärtlich ein Äffchen in die Arme und wendet sich (in Großaufnahme) an Gott, schon etwas selbstsicherer.

BRUDER NINETTO: Darf ich?
GOTTVATER: Aber ja, aber ja, Ninetto. Alles, was du siehst, gehört dir: Genieße es, freu dich, sei glücklich. Du hast die Vögel bekehrt, du hast dir den Himmel verdient!

Bei diesen Worten verspürt Ninetto eine unendliche Freude: Und da ihm die Worte fehlen, sie zum Ausdruck zu bringen, stimmt er statt dessen ein Freudengeheul an.

BRUDER NINETTO *(stößt einen eindringlichen und rhythmischen Freu-*
denschrei aus)

Und er beginnt zu hüpfen und zu tanzen, dreht sich um die eigene
Achse, stampft mit den Füßen auf wie ein Wilder oder ein griechischer
Tänzer.
Während Ninetto, außer sich vor Freude, springt und tanzt, hört man
aus dem Off die jubilierende Stimme Bruder Ciccillos, seinen Heureka-
Schrei:

STIMME BRUDER CICCILLOS: Gefunden! Gefunden! Gefunden!

Ninetto springt und tanzt vor Freude, und...

Unterhalb der Burg von Assisi
Außen. Tag

... sieht Bruder Ciccillo, der wieder aufrecht steht, von den Kletter-
pflanzen und den Gräsern, die ihn überwuchert hatten, befreit, und vor
dem Hintergrund des Himmels fröhlich schreit:

BRUDER CICCILLO: Gefunden!

Dann bekreuzigt er sich und versenkt sich in ein kurzes, intensives und
inbrünstiges Dankesgebet.
Ninetto tut es ihm nach, glücklich, ohne zu wissen, warum – als ob die
glückliche Stimmung aus seinem Traum noch anhalten würde –, und
bekreuzigt sich ebenfalls.
Und da stößt Bruder Ciccillo einen Schrei aus, der das Kreischen der
fernen Falken perfekt imitiert.

BRUDER CICCILLO *(kreischt)*

Kreischen der Falken in der Ferne.
Ninetto sieht kniend zu, fröhlich und ängstlich zugleich.
Eine Zeitlang geht der Dialog folgendermaßen vonstatten: Bruder Cic-
cillo kreischt, und die Falken in der Ferne antworten.

*Dann... der erste Falke, der wie ein Pfeil über die Köpfe der Mönche
schießt: ein kleiner, schwarzer Pfeil vor dem Hintergrund des glühen-
den Himmels.*

FALKE *(kreischt)*
Untertitel: Wer seid ihr? Was wollt ihr?

BRUDER CICCILLO *(kreischt)*
Untertitel: Wir sind Geschöpfe Gottes, wir wollen mit euch sprechen, die
ihr ebenfalls Geschöpfe Gottes seid.

*Der Falke zischt wie ein Pfeil über den Köpfen der beiden hin und her,
die sich bei dem Versuch, ihm bei seinen schwindelerregenden Kurven
mit dem Blick zu folgen, fast den Hals verrenken.*

FALKE *(kreischt)*
Untertitel: Wer ist Gott?

BRUDER CICCILLO *(kreischt)*
Untertitel: Der Schöpfer aller Geschöpfe.

FALKE *(kreischt)*
Untertitel: Und warum hat er uns gemacht?

BRUDER CICCILLO *(kreischt)*
Untertitel: Warum hast du deine Kinder gemacht?

FALKE *(kreischt)*
Untertitel: Also bin ich Gott!

BRUDER CICCILLO *(kreischt)*
Untertitel: Das wäre zuviel gesagt!

*Der Falke schießt wie ein Pfeil über den Köpfen der beiden hin und her,
die ständig den Kopf hin und her drehen, um ihm zu folgen.*

FALKE *(kreischt)*
Untertitel: Und was will Gott von mir?

BRUDER CICCILLO *(kreischt)*
Untertitel: Liebe!

Überblendung.

Auf den Straßen von Assisi
Außen. Tag

Bruder Ciccillo und Bruder Ninetto laufen fröhlich die Gassen hinun-
ter, die sie zuvor besorgt und verzagt hinaufgestiegen waren. Ninetto
tanzt beinahe, wie in seinem Traum vom Himmel, und Bruder Ciccillo
hat den festen Schritt und den stolzen Blick des Gerechten.

BRUDER NINETTO: 'ne Schinderei war das! Nichtsdestotrotz, wir haben's
geschafft! Um so besser! Freut mich wirklich, Bruder Ciccillo. Nicht
wegen mir, wegen Euch! Mir liegt so was nicht, klar. Aber Euch! Euch
isses gelungen!

Bruder Ciccillo hört sich das Geplapper seines Mitbruders gutmütig an
und antwortet gutgelaunt, wobei er seine Freude kaum verbergen
kann:

BRUDER CICCILLO: Hilf dir selbst, dann hilft dir Gott... 'nem Heiligen
genügt der Glaube... Der Glaube versetzt Berge... Aber ich bin 'n
Mensch, Ninetto, 'n menschlicher Mensch... Was hab' ich gemacht? Hin-
gesetzt hab' ich mich und das Hirn angestrengt: »Los, Bruder Ciccillo, laß
dir was einfallen!« Glaube is Silber, Wissenschaft Gold!
BRUDER NINETTO: Habt Ihr Glück mit der Birne! Hat schon gewußt, der
heilige Franziskus, warum er Euch schickt... Wird sich freuen, wenn er's
hört!

Und während in seinen Augen eine irdische Freude leuchtet, macht er
noch einmal einen Versuch...

BRUDER NINETTO: Und wenn wir jetzt 'n bißchen blaumachten, Bruder
Ciccillo? Haben wir verdient! Gehn wir Orgel spielen in die Kirche, danken wir dem Herrn, und dann ab zum Bauern...

*Schelmisch, fröhlich und mit einem strahlenden Lächeln gibt er Bruder
Ciccillo einen Schubs mit dem Ellbogen...*

BRUDER NINETTO: ... der den vielen Ricotta und den Schafskäs hat...
und 'n Keller voller Wein... Na? Und davor holen wir uns 'ne neue
Kutte... die da hat ausgedient... pfui Teufel!...

BRUDER CICCILLO *(mit der Lauterkeit eines Heiligen)*: Wer dem Herrn
treu dient, hat für so was keine Zeit... Schnorrer du *(er sagt es jedoch mit
fröhlicher Stimme)*
BRUDER NINETTO *(etwas enttäuscht, mit traurigem Blick)*: Und die
Spatzen, wo bekehren wir die?
BRUDER CICCILLO *(verzückt, ruhig)*: Da!

*Sie sind auf der Piazza vor der Kirche des heiligen Franziskus ange-
langt, die im hellen Licht der Maisonne daliegt.
Auf dem Pflaster sitzt ein Spatz, er zwitschert, fliegt ein Stück, bewegt
das Köpfchen, hüpft.*

Überblendung.

Piazza vor der Kirche des heiligen Franziskus
Außen. Tag

*Bruder Ciccillo kniet, mit dem Blick gen Himmel.
Neben ihm kniet der getreue Bruder Ninetto, in einem gewissen
Respektabstand stehen drei oder vier alte Frauen.*

BRUDER CICCILLO *(zum Herrn)*: Hoffentlich, Herr, geht's leichter als mit
den Falken. Trotzdem gelob' ich auch diesmal, mich nicht wegzurühren,
bis auch die Spatzen bekehrt sind... *(zu sich)* Hoffentlich sind keine Dick-
schädel darunter... *(und er schlägt jovial mit der Faust der rechten
Hand auf die Handfläche der linken)*

*Die drei, vier Frauen, die in einem gewissen Respektabstand dastehen,
sind alte Weiber, Betschwestern, häßlich wie die Nacht.*

FRAU MICRAGNA (*mit bäurischem Akzent*): Was tut der da, Frau Gramigna?

FRAU GRAMIGNA (*mit bäurischem Akzent hoch drei*): Was weiß ich, Frau Micragna. Wißt Ihr's Frau Grifagna?

FRAU GRIFAGNA (*mit bäurischem Akzent*): 'n menschliches Bedürfnis, Frau Gramigna, wird er haben!

Und die drei Betschwestern schauen finster, beleidigt, forschend drein. Plötzlich stößt eine der drei einen Schrei aus wie eine Besessene.

FRAU GRAMIGNA: He, du! Komm her!

Bei diesem Schrei dreht sich Ninetto erschrocken um: Und sein Schreck wird um so größer, als er sieht, daß die drei Weiber ihn meinen.

BRUDER NINETTO (*zu sich*): Was sind das für drei?

Er steht jedoch auf – nicht ohne zuvor einen Blick auf Bruder Ciccillo geworfen zu haben, der nur Augen für seine Spatzen und nichts bemerkt hat – und geht zu ihnen, neugierig wie immer, wie ein kleines Äffchen.

BRUDER NINETTO (*wobei er ein wenig spöttisch ihre Redeweise nachahmt*): Was gibt's?

FRAU GRAMIGNA: Was tut der da?

BRUDER NINETTO: Knien, 'n Jahr mindestens!

FRAU GRAMIGNA: 'nem Feigenbaum wachsen Feigen in 'nem Jahr, aber 'nem Mönch, was wächst dem? 'n Bart?

BRUDER NINETTO: Redet nur, Frau! Das is 'n Heiliger! Der zweite gleich nach'm heiligen Franziskus!

Er lügt so aufrichtig und inbrünstig, daß die drei beeindruckt sind. Sie sehen sich fragend an.

FRAU MICRAGNA: Glaubt Ihr das, Frau Gramigna?

FRAU GRAMIGNA: Weiß nicht, Frau Micragna. Und Ihr, Frau Grifagna?

FRAU GRIFAGNA: Müßt halt sehn, ob er naß wird im Regen, Frau Gramigna!

BRUDER NINETTO (*der in bester Absicht und inbrünstig weiterlügt*): Im Augenblick bekehrt er Spatzen, aber der hat schon Wunder gemacht! Bei den Frattocchie hat er Wein in Wasser verwandelt, weil lauter Säufer da warn, in der Sgurgola Wasser in Wein, weil sie weitersaufen wollten, und in Zagarola hat er alles gelassen, wie's war, weil alle zufrieden warn...

Die drei gehen ihm auf den Leim: Wie vom Blitz getroffen, fallen alle drei gleichzeitig auf die Knie, falten die Hände, heben den Blick zum Himmel und kreischen lauthals einen heiligen »Blues«:

FRAU MICRAGNA, FRAU GRAMIGNA, FRAU GRIFAGNA *(aus vollem Halse, ohrenbetäubend)*: Hosianna, Hosianna!

Während sie singen...

Überblendung.

Piazza vor der Kirche des heiligen Franziskus
Außen. Tag

Auf dem Pflaster der Piazza, in der glühendheißen Sommersonne, hüpfen zwei, drei Spatzen ahnungslos auf und ab. Hin und wieder zwitschern sie. Bruder Ciccillo kniet da und hat für nichts anderes Augen und Ohren. Doch was für ein abscheuliches Spektakel spielt sich rund um ihn ab! Die drei Betschwestern haben in der gleißenden Mittagssonne drei Buden aufgebaut: Eine verkauft Melonen, die andere Ricotta, die dritte Besen. Bis jetzt sind zwei oder drei halbnackte Jungen die einzigen Kunden. Aber die drei warten geduldig, vor ihnen liegt die ganze Ewigkeit!

FRAU GRAMIGNA: Melonen, Melonen!
FRAU MICRAGNA: Ricotta, Ricotta!
FRAU GRIFAGNA: Besen, kleine Besen, große Besen!

Überblendung.

Piazza vor der Kirche des heiligen Franziskus
Außen. Tag

Es ist Herbst. Der Wind wirbelt auf dem Platz Blätter und Staub auf.
Aus den drei Buden ist ein richtiger kleiner Markt geworden:
Inzwischen werden hier Kekse, Unterhosen, Bohnen und Kerzen ver-
kauft.
Fliegende Händler verkaufen Kürbiskerne und Haselnüsse. Jede
Menge Kundschaft.
Bruder Ciccillo und Bruder Ninetto haben sich im Gewühl aus den
Augen verloren.

FRAU GRAMIGNA, FRAU MICRAGNA, FRAU GRIFAGNA: Besen! Melonen!
Ricotta!
WEITERE VERKÄUFER *(im Chor)*: Kekse! Kerzen! Bohnen! Unterhosen!
WEITERE STIMMEN: Kürbiskerne! Haselnüsse!

Plötzlich taucht in der Menge eine kleine Prozession auf, die Pilger tra-
gen – wie die, die zur Wallfahrtskirche Divino Amore unterwegs sind –
eine Standarte und dicke Kerzen. Die Prozession zieht zu einem kleinen
Altar oder, besser gesagt, zu einem improvisierten Tabernakel, wo die
Pilger, zum Dank für erhörte Gelübde, Weihgaben ablegen und Kerzen
aufstellen.
Hinter diesem kleinen Altar beziehungsweise unter diesem Haufen
kniet Bruder Ciccillo, er ist mit Kerzen, Blumen und Weihgaben
geschmückt und offenbar der Grund für die Anhäufung volkstümlicher
Glaubensgegenstände.
Er scheint sich seines neuen Körpers jedoch gar nicht bewußt zu sein:
Seine Aufmerksamkeit gilt einzig und allein ein paar hüpfenden und
zwitschernden Spatzen auf den Arkaden der Kirche.

Überblendung.

Piazza vor der Kirche des heiligen Franziskus
Außen. Tag

Wiederum ist einige Zeit vergangen, es ist beinahe Winter. Das Durch-
einander rund um den kleinen Altar, unter dem Bruder Ciccillo steckt,
ist noch größer geworden. Inzwischen sind noch mehr Buden und noch
mehr Menschen da.
Mitten auf dem Platz steht sogar ein Freilichtzirkus; das Publikum –
Kinder und Arbeitslose – steht im Kreis um zwei Clowns herum, die
ihre Nummer vorführen.
Geduldig versucht der arme Bruder Ciccillo noch immer, die Spatzen
zu beobachten und zu belauschen...
... die auf dem Dach der Kirche zwitschern und hüpfen.
Bruder Ciccillo kneift die Augen zusammen und spitzt die Ohren, um
trotz des Durcheinanders und des Lärms um ihn herum etwas zu sehen
und zu hören.
Gequält kneift er die Augen zusammen, um ein Zwitschern aufzu-
schnappen oder einen Gedanken... Er hält sich eine Hand wie einen
Trichter ans Ohr: Verzweifelt versucht er, sich zu konzentrieren, zu
konzentrieren.
Plötzlich ist ihm, als würde er ein Zwitschern hören...
Schwaches und fernes Zwitschern im Lärm der Menge.
Aber die Stimmen des Zirkus und das Gelächter übertönen es gnaden-
los.
Ein Clown ist als Bettler gekleidet, er sieht aus wie eine Vogelscheuche:
Seine Ärmel sind doppelt so lang wie seine Arme, und er trägt eine
Mütze wie ein Hühnerdieb; der andere ist als Fortuna gekleidet;
obwohl er ein bärtiger Mann ist, trägt er Frauenkleider und hält ein
Füllhorn in der Hand.

BETTLER *(kniet sich nieder)*: Bitte, Frau Fortuna, berührt mich mit
Eurem Zauberstab!
FORTUNA: Willste wirklich?
BETTLER: Ja!
FORTUNA: Ganz bestimmt?
BETTLER: Und wie!

Die Kinder lachen und lachen. Auch Ninetto steht bei denen, die sich
bei den Scherzen der Clowns den Bauch halten vor Lachen.

FORTUNA: Bitte!

Er zieht einen Stock hinter dem Rücken hervor und schlägt damit dem anderen auf den Kopf, der wie ein gerupftes Huhn zu kreischen beginnt und sich windet unter den Schlägen.
Bruder Ciccillo hat nur Augen und Ohren für das ferne Zwitschern der Spatzen: Mit dem Kreischen des Clowns erreicht jedoch der Lärm um ihn herum seinen Höhepunkt.
Unendlich geduldig versucht er immer wieder, noch genauer hinzu-schauen und noch genauer hinzuhören, aber da…

BRUDER CICCILLO *(stößt mit dem Blick gen Himmel einen triumphie-renden, befreienden Schrei aus):* Habt einen Moment Geduld! Verzeiht, Herr, für das, was ich tue! Auch Ihr habt gewußt, im Tempel von Jerusalem: Was sein muß, muß sein!

Mit einem Ruck richtet er sich zu seiner ganzen Größe auf. Und indem er sich erhebt und die Arme ausbreitet, schleudert er das Tabernakel von sich, das die Leute um ihn herum aufgebaut haben, samt der Kerzen, der Votivbildchen und allem übrigen.
Dann dreht er sich um: Und nun geschehen Dinge, wie sie nur der heilige Matthäus und Chaplin haben darstellen können. Er reißt der Reihe nach die Buden nieder und jagt die Besitzer davon.
Dann nimmt er eine Ricottatorte und wirft sie Grifagna ins Gesicht.
Dann nimmt er eine Melone und setzt sie Gramigna auf.
Dann nimmt er einen Besen und versetzt Micragna einen Hieb auf den Kopf.
Dann dreht er sich zu den Clowns um und versetzt ihnen ein paar Tritte in den Hintern, so daß sie Hals über Kopf Reißaus nehmen, schreiend und hüpfend…

Überblendung.

Piazza vor der Kirche des heiligen Franziskus
Außen. Tag

Friede ist wieder eingekehrt. Auf der Piazza vor der Kirche des heiligen Franziskus sind nur Bruder Ciccillo und Bruder Ninetto zurückgeblieben. In der großen Stille findet die Generalprobe von Bruder Ciccillos Zwitscherkonzert statt: Und er zwitschert auch tatsächlich ganz wunderbar, anmutig und lebhaft wie ein Spatz.

BRUDER CICCILLO *(zwitschert perfekt)*

Ninetto hört ihm hingerissen zu, und als er es ebenfalls probiert, zwitschert auch er ziemlich gut, und seine Augen leuchten vor Glück und Zufriedenheit.

BRUDER CICCILLO: Wir sind also bereit, danken wir dem Herrn...

Er bekreuzigt sich, betet. Dann steht er auf und beginnt – wie bei den Falken – zwitschernd seine Predigt.

BRUDER CICCILLO *(predigt zwitschernd)*

Die herumfliegenden Spatzen scheinen ihn gar nicht zu beachten. Geduld. Man muß sie immer wieder aufs neue auffordern und anlokken. Und Bruder Ciccillo zwitschert weiter, mit ausgebreiteten Armen, wie ein Priester auf der Kanzel.
Bruder Ninetto macht es ihm nach, aber bereits mit weniger Überzeugung.

BRUDER CICCILLO *(predigt zwitschernd)*

BRUDER NINETTO: Antwortet denn keiner?

BRUDER CICCILLO *(etwas verärgert)*: Sei still! *(und er setzt seine Zwitscherpredigt fort)*

Aber die Spatzen kümmern sich gar nicht um ihn: Ganz im Gegenteil, zu allem Überdruß fliegen sie davon, wie von einem bösartigen, teuflischen Geist besessen. Und die wenigen, die bleiben, achten nicht im geringsten auf Bruder Ciccillo.

Bruder Ciccillo zwitschert noch ein bißchen, dann gibt er auf. Eine unendliche Enttäuschung zeichnet das Gesicht des armen Mönchs...

BRUDER CICCILLO *(seufzend, beinahe mit einem Beben in der Stimme)*: Sie antworten nicht... sie antworten nicht...

Sein Kinn zittert, und er ist fast soweit, wie ein kleines Kind loszuheulen.

BRUDER CICCILLO: Antworten nicht... Verrecken sollen sie...

Ninetto sieht ihn an, betrübt und traurig, aber da er ein kleiner dummer Junge ist, findet er schnell Trost und Ablenkung.

BRUDER CICCILLO *(nachdenklich, noch immer mit zitterndem Kinn)*: Die Wissenschaft, ja die Wissenschaft! *(zu den Spatzen gewandt, etwas unbeherrscht, wie ein kleines Kind)* Glaube braucht man bei euch, keine Wissenschaft! Und mein Glaube reicht offenbar nicht aus *(er sagt es mit echtem, tiefem Schmerz)*, Herr, mein Glaube reicht nicht aus...

Da schickt ihm der Herr Ninetto, der sich vor ihn hinstellt und mit entwaffnender Unschuld zu ihm sagt:

BRUDER NINETTO: He, Bruder Ciccillo, darf ich 'n bißchen Tempelhüpfen?

Bruder Ciccillo ist sprachlos und geht davon, ohne ein Wort zu sagen.

BRUDER NINETTO *(etwas beleidigt, versucht, sich zu rechtfertigen)*: Nur 'n bißchen. Mir is langweilig... Sind zwei Jahre, daß ich nicht mehr spiel'!
BRUDER CICCILLO: Spiel, spiel, mein Sohn, was soll ich sagen. Das hier is sowieso danebengegangen, wir müssen von vorne anfangen...

Und sein Kinn beginnt wieder zu zittern...

Ninetto nimmt einen Stein und beginnt zu spielen: Auf einem Bein hüpfend versetzt er dem Stein Fußtritte.
Dann wird er plötzlich übermütig und beschränkt sich nicht länger darauf, dem Stein Fußtritte zu verpassen, sondern erfindet eine Art Ballett, wobei er abwechselnd auf einem Bein und auf zwei Beinen hüpft. Ein Ballett wie in seinem Traum vom Paradies.

Und während er, anmutig und ohne sich etwas dabei zu denken, hüpft und tanzt, ertönt die Stimme Bruder Ciccillos:

STIMME BRUDER CICCILLOS: Gefunden!

Bruder Ninetto sieht ihn an, hüpft und tanzt weiter, mit dem üblichen Lachen in den Augen.

BRUDER CICCILLO: Gefunden! Gefunden! Bis Ostern haben wir's geschafft! Die Spatzen zwitschern nicht beim Reden, wie dumm von mir, wie dumm!

Überblendung.

Piazza vor der Kirche des heiligen Franziskus
Außen. Tag

Es ist Ostern. Am blauen Himmel läuten feierlich die Glocken. Diesmal ist Bruder Ciccillo wirklich zur Predigt bereit.
Er bekreuzigt sich, und Ninetto tut es ihm feierlich nach; gesammelt und fromm schreitet er dann in die Mitte der Piazza. Dort bleibt er einen Augenblick lang stehen, konzentriert, als würde er den Herrn ein letztes Mal um Hilfe anflehen, dann zieht er plötzlich die Schöße seiner Kutte bis zum Knie empor und beginnt zu hüpfen: tick, tick, tick...
Ninetto tut es ihm nach, als ob er die Schritte eines Balletts einstudieren würde; zuerst stolpert er, dann wird er immer anmutiger und lockerer.
Bruder Ciccillo fährt fort zu hüpfen: tick, tick, tick... Er wiederholt immer denselben Sprung, Ninetto, der es inzwischen zur Meisterschaft gebracht hat, macht es ihm nach.
Und jetzt kommen die ersten Spatzen und beginnen ebenfalls zu hüpfen: tick, tick, tick, tack, tack...

Untertitel *(der die Sprache der Spatzen übersetzt):* Wer seid ihr? Was wollt ihr?

BRUDER CICCILLO *(hüpft)*
Untertitel: Wir sind Diener des Herrn, wir bringen euch die Frohe Botschaft.

SPATZEN *(hüpfend)*
Untertitel: Endlich! Wir warten schon so lange darauf!

BRUDER CICCILLO *(hüpft)*
Untertitel: Wirklich? Das ist schön.

SPATZEN *(hüpfend)*
Untertitel: Ja, vor allem im Winter, wenn überall Schnee liegt und wir nirgendwo auf dem Land einen Krümel Nahrung finden!

BRUDER CICCILLO *(hüpft)*
Untertitel: Moment! Was für eine Frohe Botschaft erwartet ihr denn, Freunde?

SPATZEN *(hüpfend)*
Untertitel: Nun, die Frohe Botschaft, die uns Unmengen von Hirse und zartem Weizen verkündet, damit wir fett werden wie die Drosseln!

BRUDER CICCILLO *(hüpft)*
Untertitel: Oh je, oh je! Ihr Unglücksraben! Was seid ihr doch für taube Nüsse! Oh je, oh je, das wird mich Mühe kosten, euch die Frohe Botschaft zu bringen!

SPATZEN *(hüpfend)*
Untertitel: Nun? Was verlangt die wahre Frohe Botschaft von uns?

BRUDER CICCILLO *(hüpft mit Nachdruck)*
Untertitel: Daß ihr fastet!

SPATZEN *(hüpfen nicht minder nachdrücklich)*
Untertitel: Was? Was sagst du?

Überblendung.

Auf dem Land in Umbrien
Außen. Tag

Siegessicher und glücklich laufen Bruder Ciccillo und Bruder Ninetto durch die umbrische Landschaft, flink und frei, in der Gewißheit, ihre Pflicht erfüllt zu haben, im schönen Sonnenschein ihres schönsten Frühlings.
Während Bruder Ciccillo im Hochgefühl seines Triumphs dahineilt, erfindet er ein Gebet, vielleicht in Erinnerung an das Loblied des heiligen Franziskus auf die Schöpfung.
Während er die Schöpfung Gottes lobpreist, sieht man die Dinge, die Landschaft und die Menschen, von denen er spricht; und im Hintergrund hört man eine liebliche Musik.

BRUDER CICCILLO *(euphorisch)*:
Höchster, allmächtiger, guter Herr,
ich danke dir, daß die Sonne lacht,
auch sonst hast du es gut gemacht,
denn ohne Wasser fiele uns das Waschen schwer.
Gelobt seist du, mein Herr, für diese Gräser,
für den Esel, die Schafe und den Schäfer.

Und man sieht den schreienden Esel; und den Schäfer inmitten seiner Tiere mit seinem alten knorrigen Gesicht.
Und Ninetto, der hin und wieder fröhlich Amen sagt.

BRUDER NINETTO: Amen... Amen...
BRUDER CICCILLO *(unwiderstehlich in seiner heiligen Fröhlichkeit)*:
Gelobt seist du, Herr, für diese heil'ge Welt,
in der auch für die Platz ist, denen's schwerer fällt...

Ein Hinkender geht vorbei, mehr schlecht als recht.

Gelobt sei das frische Gras, die Brennessel und die Zichorie, und die, die sie fressen, Gott geb ihnen ewige Glorie.

Tatsächlich pflückt eine arme alte Frau Zichorie.

Wehe denen, die als Sünder sterben
mich dauern ihre armen Erben!

Gelobt seist du, mein Herr, für das Glück in den Herzen
der du umgeben bist mit Rosen und mit Kerzen...

*Aber während Bruder Ciccillo dahingeht und betet und Bruder Ninetto
ihm fröhlich wie ein Hündchen folgt, passiert etwas Schreckliches.
Und zwar so plötzlich wie jedes Unglück, das, einmal geschehen, nicht
wiedergutzumachen ist und Betroffene zurückläßt, die sich umblicken
und nicht wissen, wie ihnen geschehen ist.
Ein Falke kommt geflogen: Er stößt nieder, packt einen Spatzen und
tötet ihn.
Das nicht Wiedergutzumachende ist geschehen, Bruder Ciccillo ist
sprachlos, atemlos.
Er steht da mit offenem Mund.
Der Schmerz gräbt sich in seine Augen wie ein Messer.
Auch Ninetto steht da, zu Tode erschrocken.
Der Vorfall hat sich so plötzlich ereignet und war so grausam, daß die
beiden Mönche nicht wissen, was sie tun, was sie sagen sollen.
Dann bricht eine stumme, immer heftiger werdende Klage aus der
Brust Bruder Ciccillos: Und sein Kinn beginnt zu zittern und seine Nase
zu tropfen, als würde diese geheimnisvolle und inbrünstige Klage, die
aus den Tiefen seiner Seele aufsteigt, etwas in seinem Gesicht in Bewegung setzen, und aus seinen Augen rinnen ein paar Tränen.
Bruder Ciccillo kann sich nicht länger zurückhalten, er beginnt verzweifelt zu weinen wie ein Kälbchen, wie ein kleines Kind. Und auch
Ninetto läßt sich von seinem Meister anstecken und beginnt zu
schluchzen; er muß zwar ein wenig lachen, als er Bruder Ciccillo weinen sieht wie ein kleines Kind, doch als ihm klar wird, wie verzweifelt
der andere ist, beginnt er ebenfalls verzweifelt zu schluchzen.*

Überblendung.

Wald in Umbrien
Außen. Tag

Besorgt, aber überhaupt nicht verwundert, hört sich der heilige Franziskus an, was ihm Bruder Ciccillo und Bruder Ninetto zu erzählen haben. In seinem Gesicht die unerschütterliche Zuversicht dessen, der sich Gott nahe fühlt.
Bruder Ciccillo und Bruder Ninetto stehen verzweifelt vor ihm.

BRUDER CICCILLO: Also, Bruder Franziskus, die Falken sind bekehrt und verehren den Herrn, so gut sie können; die Spatzen sind auch bekehrt und zufrieden und verehren ihn, den Herrn. Aber untereinander... haun sie sich die Schädel ein... *(unendlich betrübt)...* bringen sich um, Bruder Franziskus... Was kann ich tun, wenn da die Klasse der Falken ist und da die der Spatzen, und sie sich nicht vertragen miteinander! Was kann ich tun?
HL. FRANZISKUS: Was du tun kannst? Alles, mit Gottes Hilfe!
BRUDER CICCILLO: Was soll das heißen?
HL. FRANZISKUS: Das heißt, ihr müßt den Spatzen und den Falken beibringen, was sie noch nicht begriffen haben, und was ihr ihnen begreiflich machen müßt.
BRUDER CICCILLO: Wie?
HL. FRANZISKUS: Nur Mut, Brüder. Müßt eben von vorne anfangen...

Bruder Ciccillo und vor allem Bruder Ninetto sehen ihn bestürzt an: Bruder Ciccillo versucht noch einmal, schüchtern zu widersprechen.

BRUDER CICCILLO: Falken sind Falken und Spatzen sind Spatzen... Nix zu machen, so is die Welt...

HL. FRANZISKUS: Müssen wir sie eben ändern, die Welt, Bruder Ciccillo: Das habt ihr noch nicht begriffen! Geht hin und fangt von vorne an, Lob sei Gott, dem Herrn!

Bruder Ciccillo gehorcht, doch bevor er zu einer neuen Predigt aufbricht, wendet er sich plötzlich an Ninetto.

BRUDER CICCILLO: Komm, Ninetto...

Er dreht sich um und macht dem verdutzten Ninetto ein Zeichen, er solle ihm folgen. Die beiden gehen weg, wobei ihnen die Kamera von hinten folgt.

Der Blick des heiligen Franziskus, in dem wie immer ein Tropfen seligen Lichts leuchtet, folgt ihnen. Zuerst gehen sie ganz langsam, vernichtet, wie jemand, der nicht weiß, wo er den Mut und die Fähigkeiten hernehmen soll, um seine ausweglose Lage zu meistern, seufzend. Dann plötzlich faßt Bruder Ciccillo einen heroischen Entschluß, und die beiden gehen immer schneller, immer schneller und selbstsicherer: Sie haben Mut gefaßt und sehen ihrer neuen Aufgabe beinahe fröhlich entgegen.

Sie schreiten kräftig aus und verschwinden am Ende der Straße, zwischen den lieblichen Feldern. Bis sie ganz weit hinten, im Licht der untergehenden Sonne, zu hüpfen beginnen: Vielleicht unterhalten sie sich mit den ersten Spatzen. Ein etwas komisches, aber unschuldiges Ballett, das dem Herrn gewiß zur Freude gereicht.

Straßen außerhalb der Peripherie
Außen. Tag

Ein Mann und ein Junge sind im gleißenden Sonnenlicht auf einer wei-
ßen Straße unterwegs.
Weiß vor Staub, weiß gekalkt oder ausgebleicht vom Sonnenlicht sind
auch die spärlichen Häuser ringsum, in den Vierteln, die die Menschen
mit eigenen Händen errichtet haben: Und zwischen den Häusern befin-
den sich kleine Gärten und Hütten.
Das Land ringsherum ist karg und armselig, hier und dort weidet ein
Schaf in der schönen Frühlingssonne.
Die beiden kommen langsam näher, wie jemand, der noch weit zu
gehen hat, weder fröhlich noch bekümmert. Die Kleider des Mannes
sind etwas zerschlissen, obwohl er seinen Sonntagsanzug trägt. Der
Junge hingegen hat sich herausgeputzt: Er trägt eine Hose à la Celen-
tano, die in der Taille eng und um die Knöchel weit ist, Rollkragenpull-
over und ein Sportsakko, mit Schlitz im Rücken. Die beiden gehen und
gehen, nebeneinander, wie zwei unwirkliche Schatten, in der bereits
glühendheißen Sonne, frühmorgens an einem schönen, heiteren Tag.
Woher kommen sie? Sind sie schon lange oder erst seit kurzem unter-
wegs? Wohin gehen sie? Wenn man sie so sieht, läßt sich das nicht fest-
stellen, sie sehen aus wie Millionen andere auch, die an einem Früh-
sommermorgen ihres Weges gehen, irgendwohin.

TOTÒ: Nix zu machen, solang der Mond scheint.
NINETTO *(zornig und dickköpfig, wobei er das Gesicht verzieht wie ein*
kleines Kind, obwohl er schon gut siebzehn Jahre alt ist): Wer sagt das?
Warum?
TOTÒ: Spinnt halt. Mußt warten, bis die Flut kommt.
NINETTO: Donnerwetter! Die Flut!
TOTÒ: Ja, sechs Stunden und wieder sechs Stunden, Ebbe und Flut. Mußt
warten.
NINETTO: Was is das, die Flut? Woher kommt die?
TOTÒ *(bereitet sich vor, eine feierliche Erklärung abzugeben)*: Haste
den Dreck gesehen am Strand? Woher kommt der?
NINETTO: Was weiß ich!
TOTÒ: Der Mond mit seiner Schwerkraft zieht's Wasser an...
NINETTO *(plötzlich abgelenkt, denkt nicht mehr an die Flut und den*
Mond, unterbricht): He Papa, is 'n Ding, das Gebiß, das Mama sich
gekauft hat!

TOTÒ: Hat auch 'ne Stange Geld gekostet... Kein inländischer Ramsch wie früher, sind echte Zähne! Jetzt läuft sie rum wie 'ne Furie. *(und bei dem Wort »Furie« beißt er die Zähne zusammen und bleckt das Gebiß wie eine hungrige Hyäne, dann lacht er)*
NINETTO: Haste gesehen, wie sie drauf aufpaßt? In der Kommode schließt sie's ein. Damit Opa ihr's nicht klaut.
TOTÒ *(dessen Gesicht sich aufgrund einer plötzlichen Sorge verfinstert)*: He, haste DDT in 'n Stall getan?

Ninetto hat es vergessen. Ein schuldbewußtes Lachen leuchtet in seinen Augen, er streckt die Zunge heraus und bewegt sie ein paarmal auf und ab, flink wie eine Schlange.

NINETTO: Nein. Vergessen.
TOTÒ *(wütend)*: Verdammt!

Mit einer anmutigen Bewegung hängt sich Ninetto bei ihm ein, wobei er wie ein kleines Kind den Kopf an ihn lehnt, schmeichelnd, versöhnlich.

NINETTO: Komm... Papa... Kann nix dafür... weißt... Giuseppina, die Verrückte, hat durchgedreht... hat sich nackt ausgezogen, heut morgen, auf 'm Balkon... *(mit verändertem Tonfall, leise und vertraulich, komisch)* Titten hat die, Papa! Solche Dinger! Haste was versäumt!
TOTÒ *(etwas besänftigt, wenn auch nicht völlig)*: Mir doch egal! An den Stall denk ich. An die armen Kühe, die von den Fliegen gefressen werden. Was haste im Kopf? Brüllen die ganze Nacht... *(er imitiert lebhaft das Brüllen einer Kuh, wobei er den Hals ausstreckt)* Muuuuh... muuuuh! Muuuuh!

Im Rhythmus des »Muuuh, muuh« gehen die beiden ihres Weges, im weißen Sonnenlicht, wobei ihnen die Kamera von hinten folgt.

Straßen außerhalb der Peripherie
In der Nähe einer einsamen Bahnstation
Außen. Tag

Inmitten der Hügel der gelben, kargen Landschaft steht, verlassen wie im Wilden Westen, eine Station der Stefer-Privatbahn.
Vater und Sohn gehen auf einem neugebauten Stück Straße, zwei schwarze Gestalten in der Sonne.

TOTÒ: Hab' Durst, willste auch 'n Schluck?
NINETTO: 'nen Kirschsaft, Papa!

Und höchst zufrieden folgt er seinem Vater, der in Richtung Station geht, und betritt die kleine Bar.

Bahnstation
Außen. Innen. Tag

Ein Morgen wie jeder x-beliebige Morgen in diesem Jahrhundert. Das Sonnenlicht durchflutet die halbleere Station, die Bar und den kahlen, staubigen Wartesaal.
Hier sitzen ein paar Leute, die auf die Bahn warten, um in die Stadt zur Arbeit zu fahren, geblendet vom tristen Licht der Acht-Uhr-Morgen-Sonne.
Zwei, drei, alte Männer, vier, fünf Jungen, die spät dran sind, mit ihrem Frühstückspaket; sie tragen jedoch modische Hosen und Hemden wie kleine Ganoven.
Vater und Sohn betreten die Bar und vollführen das übliche Ritual.
Totò wendet sich an das schlaftrunkene, mürrische Mädchen an der Kasse:

TOTÒ: 'nen Wermut und 'nen Kirschsaft, Fräulein...
FRÄULEIN *(abwesend, hängt ihren Träumen nach)*: Zweisiebzig.

Totò legt einen Fünfhunderter auf den Tisch. Sie geht mit kaum verhohlener Wut daran, ihm den Rest herauszugeben.

Ninettos Augen beginnen plötzlich zu strahlen, er sieht seinen Vater an,
dann sieht er das Mädchen an der Kasse an:

NINETTO *(tut, als würde er ins Blaue hineinreden, damit ihn seine*
blonde Feindin nicht hört): He, Papa, nix zu machen mit der!
TOTÒ *(sieht ihn böse an)*: Hau ab und trink deinen Kirschsaft, los!

Ninetto geht zur Theke, wobei er absichtlich die Beine über den Boden
schleifen läßt, träge, ein Rumtreiber: Aber da plötzlich: eine Explosion.
Die Juke-Box. Eine ohrenbetäubende Musik: die Beatles, die Beatles!
Um die Juke-Box haben sich die vier, fünf schwerfälligen Bauernjungen
geschart, mit ihren Paketen unter dem Arm. Einer von ihnen hat einen
etwas zu blonden Haarschopf, er trägt Hosen, die an den etwas zu run-
den Hüften eng anliegen.
Die ganze Gruppe probiert unbeholfen einen neuen Tanzschritt: Der
Grellblonde, der wie ein Fisch hin und her schießt, ist der Geschickteste
von allen, er ist der Meister, der von allen imitiert wird. Er tanzt arro-
gant und gedankenlos, wie in Trance – unverschämt.
Ninetto läßt seinen Kirschsaft auf der Theke stehen und nähert sich der
Gruppe, wie ein neugieriges Hündchen, mit gespitzten Ohren. Auch er
probiert sofort eifrig den neuen Schritt, er versucht, den sanften und
hemmungslosen kleinen Schwulen zu imitieren. Er ist unbeholfen und
unsicher wie die anderen Bauernjungen – die schweigend tanzen,
höchst konzentriert. Und ganz langsam nähert er sich dem kleinen
Schwulen, egoistisch. Der blickt ihn zwei-, dreimal schief an, etwas
schmachtend und schmollend, spielt jedoch nach wie vor den Gleich-
gültigen.
Schließlich sagt er höflich zu Ninetto, wobei er über die Schulter blickt,
die sich im Rhythmus des Tanzes auf- und abbewegt:

BLONDER JUNGE *(sanft)*: Was is, soll ich dir was beibringen?
NINETTO: Glaub dir auch so!

Totò steht vor dem Kellner, einem bleichen Burschen mit spitzem
Gesicht und einer Wolke schwarzer, krauser Haare von ungefähr einem
halben Meter Durchmesser.
Jetzt kommt noch ein Gast herein, er trägt einen schmutzigen Samtan-
zug, es ist ein alter Freund von Totò.
Große Begrüßungsszene zwischen den beiden, inmitten des chaoti-
schen Gewühls.

TOTÒS FREUND: Heee! Alter Gauner! Haben uns 'ne Ewigkeit nicht gesehen! Warst du ausgewandert?

TOTÒ: Heeee! *(versetzt seinem alten Freund einen heftigen Schlag auf die Schulter)* Gustavo! Bist du häßlich geworden! Hab' gehört, du hast 'n Haufen Geld verdient!

TOTÒS FREUND: Ich? Und was is mit dir? Legst alles auf die hohe Kante, was? Keine Weiber?

Der Kellner widersteht nicht länger der Versuchung, tritt mit seiner schwarzen Kraushaarwolke hinter der Theke hervor und mischt sich unter die Tanzenden, wobei er sich Ninetto nähert, unter dem Vorwand, ihm etwas zeigen zu wollen. Er beginnt wild zu tanzen.

KRAUSKÖPFIGER KELLNER: Zähl die Schritte, sonst lernst du's nie… Eins zwei drei vier fünf sechs und stopp, eins zwei drei vier und wieder stopp…

Die Schar der Bauernjungen beginnt, den Schritt des neuen Tanzes, der der allerletzte Schrei ist, immer besser zu beherrschen.
Die Bartür geht auf: Ein unglaubliches, von Pockennarben übersätes Gesicht, bei dessen Anblick allein man schon lachen muß, späht herein und sagt, zum Fräulein an der Kasse gewandt:

POCKENNARBIGER: Was soll der Scheiß, Renata, heut morgen zieh' ich die Kette auf'm Klo und krieg' 'nen elektrischen Schlag! Hätt nicht viel gefehlt und ich wär' umgekommen da drin wie Chessman!

Sofort danach verschwindet das Gesicht.
Das Mädchen hebt den Blick vom »Tempo«.
Die Tür geht wieder auf, und das pockennarbige Gesicht späht noch einmal herein.

POCKENNARBIGER: Hätt' nicht viel gefehlt und ich wär' verkohlt! Warnt mich wenigstens 's nächste Mal, damit ich Bescheid sag zu Haus!

Das Gesicht verschwindet auf immer und ewig.
Inzwischen wird weitergetanzt, immer hemmungsloser und moderner.
Ninetto begreift es langsam.
Der Vater und sein Freund führen indessen ihr schönes Gespräch fort.

TOTÒS FREUND: War doch keine Jungfrau mehr! Hat 'ne Menge Jäger rangelassen vor mir!

Die Tür geht wieder auf, und drei Bäuerinnen kommen herein, mit vollen Säcken auf dem Kopf.
Der Kellner mit seiner Haarmähne folgt ihnen tanzend, sieht sie an und tritt aus der Reihe der Tanzenden:

KELLNER: Die Heiligen Drei Könige!
BÄUERIN *(im reinsten Bäurisch):* 'n Schluck Wasser!

Der Kellner gibt ihr das Wasser: Totòs Freund beobachtet ihn.

TOTÒS FREUND: Brauchst 'n Staubsauger morgens zum Kämmen?

Aber der Kellner gibt keine Antwort, denn er beobachtet gebannt folgendes Schauspiel:
Die Bäuerin trinkt das Glas Wasser und lehnt den Kopf nach hinten, ohne den vollen Sack vom Kopf zu nehmen. Fällt er runter oder nicht, fällt er runter oder nicht?
Die drei Bäuerinnen wiederholen der Reihe nach die Gleichgewichtsübung; der Kellner, der zum Kämmen einen Staubsauger braucht, läßt sie nicht aus den Augen.
Die Schar der Jungen tanzt, den modernsten Tanz aller Zeiten. Der kleine Schwule hört jedoch ganz plötzlich auf, aus Müdigkeit, Überdruß, Zorn oder sonst einem geheimnisvollen, unbekannten Grund, und geht einfach davon.
Die anderen tanzen weiter. Aber der kleine Schwule taucht sofort wieder auf.

BLONDER JUNGE *(schmachtend):* Kinder! Die Bahn!

Bei dieser Nachricht schwärmen alle los, laufen auf den Bahnsteig der kleinen Station hinaus, die aussieht, als stünde sie mitten in Kalifornien, während der Zug pfeift. Auch der Freund Totòs folgt dem Trupp der kleinen Arbeiter.

TOTÒS FREUND: Adieu, adieu! Ich fahr' nach Rom!

Ninetto läuft in die entgegengesetzte Richtung, um seinen Kirschsaft zu trinken. Er hört die Grußworte und blinzelt seinem Vater zu, ohne ihn anzusehen.

NINETTO: Was sonst! Überarbeite dich nicht!

Er trinkt rasch seinen Kirschsaft aus und folgt seinem Vater, der zum Ausgang geht.
Und sie machen sich wieder auf den Weg, auf der sonnenverbrannten Straße.

Schild mit der Aufschrift:
Ein halbes Stündchen später. Ninetto sticht der Hafer.

Straßen außerhalb der Peripherie
Außen. Tag

Vater und Sohn gehen und gehen.
Vor ihnen, in der glühendheißen Acht-Uhr-Morgen-Sonne liegt eine weißgraue Vorstadtsiedlung.
Hinter einer Kurve der staubigen Straße, hinter den dürren Hecken, inmitten notdürftig verputzter Häuser, steht ein schwarzes Grüppchen von Menschen. Daneben geparkte Autos, umgeworfene Mopeds, Frauen an den Türen, Kinder.
Vater und Sohn schauen neugierig, mit zusammengekniffenen Augen, und gehen schneller.
Aber Ninetto ist zerstreut: Und diese Zerstreutheit verstärkt noch seine grundsätzliche Zerstreutheit, die ein Zug seines Charakters ist, und er läßt ungeduldig den Blick schweifen.

NINETTO: He, Papa, hab' dir doch gesagt, daß ich zu tun hab', erinnerste dich? Also keine Extratouren!
TOTÒ: Aber nein, nein!

Aber auch er würde gern wissen, was hinter der Kurve geschieht. Die schwarzen Gestalten haben etwas Düsteres an sich; doch gleichzeitig auch etwas von einem Sommerfest, einer dörflichen Kirmes. Die Leute schweigen jedoch oder sprechen ganz leise, tuscheln.
Sie stehen unterhalb eines Hauses, wo das Sonnenlicht noch weißer und trister wirkt.
Ein Stück weiter unten zwei halb verdorrte Obstbäume und ein kleines Mäuerchen.

Immer mehr Menschen kommen hinzu, bleiben stehen, senken die Stimme und blicken zum Haus.
Vater und Sohn kommen näher, mischen sich unter die kleine schwarze Menge, inmitten der unordentlich im gleißenden Sonnenlicht herumstehenden Fahrzeuge.

TOTÒ *(zu irgendeinem)*: Was is los?
DER ANDERE *(ratlos)*: Was weiß ich!

Totò geht ein Stück weiter und blickt sich genau um: Und er spitzt die Ohren, um zu hören, was zwei Männer miteinander reden.

ERSTER: Wer war's?
ZWEITER: Der Martucci, der mit 'm Mund so zuckte *(verzieht auf mitleiderregende Weise den Mund)*. Und seine Alte.

In diesem Augenblick führen ein paar barmherzige Menschen, die wissen, was passiert ist, ein schluchzendes Mädchen aus dem Haus, bahnen sich einen Weg durch die kleine Menge und verschwinden hinter einem anderen Haus, einem anderen Mäuerchen.
Ninetto nutzt den Augenblick, in dem sein Vater abgelenkt ist, und sagt zu ihm, nur auf sich bedacht, ohne jegliches Mitgefühl und Interesse:

NINETTO: Papa... geh' jetzt... mein' Freund besuchen... Fünf Minuten... während du dich umschaust...

Und er läuft davon, ohne das düstere »mach schnell« seines Vaters zu hören.
Er läuft die Straße hinunter und biegt in eine andere, noch verlassenere, noch armseligere, ein: ein paar vereinzelte Häuser, die aussehen wie Steinwürfel, weißgekalkte Tragbalken, Drahtzäune, abbröckelnde Mäuerchen.
Weiter hinten, in einer Stille wie in einem Traum, steht ein altes Bauernhaus, mit einem schwarzen Schuppen vor dem blendendweißen Innenhof, wo, umgeben von ein paar Feigenbäumen ... eine Wanne für den Mist steht...
Ninetto geht auf den Bauernhof zu, und im Hof, der im gleißenden Sonnenlicht daliegt, bleibt er stehen und zündet sich eine Zigarette an; dann geht er langsam, gespielt ernsthaft, nach hinten.
Er sieht einen kleinen Jungen, der von oben bis unten mit Lehm beklekkert ist, und sagt leise zu ihm, in vertraulichem Ton:

NINETTO: He, Kleiner, wo steckt Rossana?

Der Junge läuft weg, um Ninetto zu zeigen, wo sie ist.

JUNGE *(brüllend, komisch)*: Da...

Weiter hinten gibt es noch einen zweiten Schuppen, wo früher einmal vielleicht die Geräte aufbewahrt wurden.
Dorthin läuft Ninetto; und mitten im Schuppen steht Rossana mit zwei Freundinnen.
Rossana ist von Kopf bis Fuß in Weiß gekleidet: Sie trägt ein großes, weißes Hemd, und an ihren Schultern sind zwei große weiße Engelsflügel befestigt.
Ihre Freundinnen helfen ihr gerade dabei, ein Diadem mit einem Stern aufzusetzen.

NINETTO *(will unverschämt wirken, setzt ein spöttisches Lächeln auf)*: Tag! *(und dann, im selben Tonfall)* Siehst aus wie'n Flugzeug!

Rossana wirft ihm einen flüchtigen und etwas beleidigten Blick zu.

ROSSANA: Was gibt's?
NINETTO *(mit einem Lachen in den Augen, als müßte er ihr etwas Wichtiges anvertrauen)*: Hab' grad den Sechshunderter von 'nem Freund ausprobiert... der fährt vielleicht... hat sich fast in die Hosen geschissen, der Freund neben mir!
ROSSANA: Kein Wunder, bist ja halb verrückt!
NINETTO *(dessen Ausdruck und Tonfall sich plötzlich ändern)*: Warum bist du so angezogen?
ROSSANA *(ungeduldig)*: Herrgott! Heut is 's Fest der Töchter Mariens, wir gehen ins Armenhaus, spielen!
NINETTO *(nähert sich ihr, zutraulich und schmeichelnd)*: Hübsch biste mit dem Kleid! *(dann wechselt er sofort das Thema)* Also, gehste mit tanzen am Sonntag?
ROSSANA: Nein.
NINETTO *(spielt übertrieben den Gleichgültigen)*: Auch gut!
ROSSANA *(modern und leidenschaftlich)*: Holste uns ab, mit dem Sechshunderter...?
NINETTO: Glaub' ich nicht, muß zum Mechaniker, zum Reparieren... *(er erfindet emphatisch noch eine Lüge, vorsorglich)*... Wirst sehen, was fürn Renner das is... Himmel, Arsch, du siehst mich nicht mal...

njemmnjemmnjem... *(er durchschneidet die Luft mit der Handkante)*
wenn ich vorbeiflitz' hier...
ROSSANA: Weißt du, daß sie dich mit 'ner Schulfreundin gesehen haben
von mir?
NINETTO: Na, ja... haben uns halt getroffen... und bißchen geredet...
ROSSANA: Ja, geredet... auf der Wiese... sie hat mir's selbst gesagt!
NINETTO *(lügt weiter)*: Wiese, Wiese!... 'ne Abkürzung haben wir
genommen... sie mußte nach Haus, weil's spät war, sonst hätt's Prügel
gesetzt von ihrem Vater...
ROSSANA: Ciao, Ninetto...

*Und sie läuft im weißen Sonnenlicht aus dem Hof hinaus, in ihrem wei-
ßen Hemd mit den weißen Flügeln, fliegt wie ein echter Engel. Und ihre
Freundinnen laufen ihr lachend nach.*
*Sie verschwinden hinter einer kleinen schwarzen Tür mit weißem
Querbalken.*
*Auch Ninetto läuft aus dem Hof hinaus; er verjagt die Tauben, die im
weißen Sonnenlicht auffliegen, mit ihren weißen Flügeln.*
*Er verschwindet ebenfalls hinter der schwarzen Tür und taucht auf der
Straße wieder auf, die wie unwirklich daliegt im weißen Sonnenlicht.*
*Das Grüppchen schwarz gekleideter Menschen ist noch immer da.
Inzwischen ist die Trauer noch größer geworden, wie auf einem
Begräbnis oder einer Kirmes. Immer mehr Leute kommen hinzu. Davor
ein Rettungswagen: Die Krankenpfleger mit ihren weißen Kitteln tra-
gen eine Bahre.*
*Ninetto nähert sich den Menschen, auf der Suche nach seinem Vater:
Und er sieht die Leiche auf der Bahre, unter dem weißen Laken.*
Weinen und Wehklagen aus der Ferne.

MANN: Der Gendarm hat gesagt, er hat gesehen, wie sie voller Kotze... Er
auf'm Bett und sie im Hauseingang, mit 'n Händen zur Tür ausgestreckt...

Ninetto betrachtet die Umrisse der Leiche.
*Dann hebt er den Blick und sieht seinen Vater, der ebenfalls die Leiche
unter dem weißen Tuch betrachtet, ernst und betrübt.*
Ninetto nähert sich ganz langsam seinem Vater, der ihn am Arm packt.

TOTÒ: Gehn wir!

Vater und Sohn entfernen sich schweigend: Sie bahnen sich einen Weg durch die kleine Menge, die so still ist, daß man das Schluchzen und das Klagen aus dem fernen Haus ganz deutlich hört.

Straßen außerhalb der Peripherie
Außen. Tag

Vater und Sohn gehen und gehen.
Inzwischen durchqueren sie eine beinahe menschenleere Gegend: Die Wiesen mit dem verbrannten Gras reichen auf der einen Seite bis zur Straße und gehen auf der anderen in den weißen, schweigenden Himmel über.

NINETTO: Papa, nix wert, 's Leben...
TOTÒ: Gar nix... Der Tod um so mehr.
NINETTO: Papa, ich denk' oft an den Tod, ich frag' mich, wie is es, wenn einer stirbt?... Er atmet langsam, macht ah ah ah, dann kriegt er auf einmal keine Luft mehr *(er atmet mit leidender Miene)*. Merkt er, daß er nicht mehr ah ah macht... Wie tut er, daß er zuerst lebendig is und dann tot?
TOTÒ *(macht mit Zeigefinger und kleinem Finger das Zeichen der Hörner und fordert Ninetto ebenfalls dazu auf)*: He, frag wen andern! War ich schon mal tot? Paß bloß auf!
NINETTO: Papa, ich wär' gern 'n Papagei *(er lacht schelmisch)*. Dann würd ich mindestens zwei-, dreihundert Jahre!
TOTÒ *(unsicher, sucht im Chaos des Lebens nach einer philosophischen Wahrheit)*: 'n Reicher is gestorben! Hier ruht ein Geldsack! Der Reichste vom ganzen Friedhof is gestorben! Was für 'n Verlust für ihn! Glücklich der Hungerleider, keiner weiß, daß er tot is! ... Und sie schreiben: »*Einer is gestorben. Bitte der Nächste!*« Für ihn is der Tod 'ne Erlösung. *(plötzlich hat er eine Idee)* Es is aber ganz anders: 'n Reicher stirbt und bezahlt die Rechnung fürs Leben: Zahlt, hat aber was gekriegt. Der arme Teufel hat nix vom Leben und zahlt trotzdem. Was tut der arme Teufel? Geht von einem Tod zum andern!

Und sie gehen und gehen im Sonnenlicht.
Eine merkwürdige, düstere Musik begleitet sie: Vielleicht ist es der

Schlager: »Fischia il vento urla la bufera/scarpe rotte eppur bisogna andar«, jedoch ganz leise, mit geheimnisvollem Klang.

Während sie dahingehen, spricht sie plötzlich eine etwas heisere und schrille Stimme an.

STIMME DES RABEN: Wohin geht ihr, Freunde?

Ninetto dreht sich um, vorlaut, er wittert Abwechslung, mit einem kleinen Lachen in den Augen.
Auch Totò blickt sich um, wie sein Sohn. Auf dem ganzen weiten Land ist niemand zu sehen, so weit das Auge reicht.

TOTÒ: Was hast du gesagt, Ninetto?
NINETTO: Ich?... nix!
TOTÒ: So was! Hör' ich Gespenster!
STIMME DES RABEN: Also, Freunde, wohin geht ihr?

Vater und Sohn sehen sich nochmal verblüfft um und bleiben stehen.

RABE: Darf ich mich anschließen?

Jetzt entdeckt Ninetto den Raben am Rand der Straße, der sie anblickt.

NINETTO: Papa, schau, wer's war! Der Rabe!
TOTÒ: Was will er?
RABE: Ein Stück des Weges mit euch gehen! Ist da etwas dabei? Stört es euch?
TOTÒ: Nein, nein, gar nicht!

Und Vater und Sohn machen sich wieder auf den Weg, gefolgt vom Raben, der eine Zeitlang, vielleicht aus Verlegenheit, schweigt.

RABE: Also, darf man erfahren, wohin ihr geht?

Totò sieht seinen Sohn an, als wollte er sagen: »Was geht das den an?«
Ninetto wiederum sieht seinen Vater an, wobei sein Ausdruck noch feindlicher und verblüffter wird.
Totò sieht nach wie vor seinen Sohn an und macht ihm ein Zeichen, als wollte er sagen: »Nix sagen wir dem.«
Ninetto antwortet ebenfalls mit einer Geste: »Abgemacht!«

TOTÒ: Da runter!

RABE: Ich wette, daß ich es errate *(und er lacht ein wenig verlegen)*.

TOTÒ: Dann rat!

RABE: Ihr geht... ihr geht... zu einem Fotografen, um den Jungen fotografieren zu lassen, der bald bei Fiat anfangen soll...

TOTÒ UND NINETTO: Nein!

NINETTO: Haben wir letzte Woche gemacht!

RABE: Aha... dann geht ihr also... zu einem Freund, dessen Sohn heute getauft wird.

TOTÒ UND NINETTO: Nein!

NINETTO *(mit einem fröhlichen Staunen im Gesicht)*: Der weiß aber 'ne Menge über uns! Grad gestern waren wir in Torre Liscia bei 'ner Taufe. Seid Ihr 'ne Art Prophet, Meister?

Bei Ninettos Äußerung kichert der Rabe, der sich insgeheim noch immer den Kopf zerbricht: ein schüchternes philosophisches Lachen.

RABE *(lachend)*: Ihr geht zu einem Quacksalber, um für Ninetto, der einen Bandwurm hat, eine Medizin zu holen...

NINETTO *(lacht, wobei seine Augen vor Überraschung und Fröhlichkeit leuchten)*: Warm, wärmer, wärmer!

Kaum hat er zu lachen aufgehört, beginnt der Rabe wieder zu sprechen, in einem etwas offiziöseren, jedoch durch und durch demokratischen Tonfall.

RABE: Ich verzichte also darauf, zu erfahren, wohin ihr geht... im Augenblick...

TOTÒ: Und Ihr, woher kommt Ihr, wo seid Ihr zu Haus... Hab' Euch noch nie gesehen in der Gegend!

RABE *(verstellt sich im Scherz)*: Ach, ich komme von weit her... Ich bin ein Fremder... Meine Heimat heißt Ideologie *(er lacht scherzhaft)*, ich lebe in der Kapitale, der Stadt der Zukunft, in der Karl-Marx-Straße auf Nummer tausend und nicht mehr tausend... *(er lacht herzhaft über seinen Witz)*

TOTÒ *(spielt sofort mit)*: Und wir in Drecks-Dorf...

NINETTO *(wie aus der Pistole geschossen)*: Hungerleider-Straße!

TOTÒ *(lachend)*: Nummer 23!

NINETTO *(noch lauter lachend)*: Unter dem Berg der Klaren Kloake!

TOTÒ *(herzhaft lachend)*: Weltberühmt fürs Martyrium des heiligen Analphabetus!

Und lachend gehen sie weiter ihres Weges auf der langen Straße.

Überblendung.

Straßen außerhalb der Peripherie
Außen. Tag

Die Straße unterscheidet sich kaum von jener, über die sie eine halbe Stunde zuvor gegangen sind: Auch das Land ringsum sieht genauso aus: Gelbe Felder vor dem Hintergrund des schweigenden Himmels. Die zwei wirken jedoch etwas schlapp: Vielleicht weil es immer heißer wird – es ist zehn Uhr morgens – und die Hitze müde und schläfrig macht, schleppen sie sich etwas mühselig dahin und schleifen sogar die Füße über den Boden. Nur der Rabe ist munter.

TOTÒ *(wobei er gequält das Gesicht verzieht)*: Oh je, die Sonne sticht schon... mir kocht das Hirn... Aua... *(es ist ein beinahe kindliches »Aua«).*
NINETTO: Machen wir Pause, da unter den Bäumen, Papa... *(frohlockt bei der Vorstellung, faul und egoistisch)*. Haun wir uns aufs Ohr, aaah, und machen 'n schönes Nickerchen...
TOTÒ: Los, komm, Faulpelz... aua *(und das zweite »Aua« klingt noch überzeugter als das erste).*

Totò bückt sich niedergeschlagen und streichelt seinen Fuß im ausgetretenen Schuh.

TOTÒ: Zum Teufel mit allen Heiligen der Hölle *(reißt sich zusammen, gewissermaßen aus Rücksicht auf den Raben)*. Sind eh keine dort... Hab' zwei Hühneraugen, auf 'm kleinen und großen Zeh, brennen wie's Fegefeuer...
RABE *(halb im Scherz)*: Ihr Glücklichen...
TOTÒ *(niedergeschlagen wegen der Hühneraugen)*: Wir und glücklich! Geht uns doch dreckig!
RABE *(inzwischen beinahe pathetisch)*: Ja, glücklich, glücklich!
NINETTO *(ahmt ihn nach, neugierig)*: Glücklich, glücklich, und warum?
RABE: Ihr seid glücklich, weil ihr Hühneraugen habt... weil ihr schwitzt

und »uff« sagt, weil ihr mittendrin steckt in dieser ungeheuerlichen Sache aus Hühneraugen und Hitze, weil ihr im Leben eingewachsen seid wie der Nagel im Fleisch, weil ihr euch nicht vom Leben unterscheidet, weil ihr geht und geht... geboren werdet, liebt, sterbt...

NINETTO: Eßt, trinkt...

RABE *(kichernd)*: Hühneraugen und Hitze! Ihr Glücklichen! Mich hingegen hat man, wer weiß, wie, wann und warum, dazu verdammt, aus alldem ausgeschlossen zu sein... Entschuldigt, daß ich euch gleich zu Beginn, obwohl wir uns gerade erst kennengelernt haben, so etwas Peinliches und ziemlich Unverständliches sage. Aber gewisse Dinge sagt man entweder gleich oder gar nie...

TOTÒ *(höflich)*: Nur zu, nur zu!

RABE *(kichert noch immer)*: Ihr fragt euch bestimmt: »Wer ist dieser Trottel, was will er von uns?« Also, ich bin hier, weil ich Sehnsucht nach dieser schönen Sache habe, die ich nicht besitze, weil ich mich mit dem Leben vermischen möchte, weil ich lebendig sein möchte und basta *(er kichert, um seinen Worten etwas von ihrem Ernst zu nehmen)*. Ich schließe mich euch an, um mich etwas abzulenken von dieser schrecklichen Sehnsucht nach dem, was ich nicht besitze!

NINETTO *(beeindruckt, versucht, Interesse an den Tag zu legen)*: Habt Ihr keine Eltern? Frau, Familie?

Aber Totò hat keine Lust, länger zuzuhören, mit seinen armen schmerzenden Beinen, und blickt sich um, auf der Suche nach irgend etwas.

RABE: Ach, schöner Jüngling, der du mit deinem Vater über Straßen voller Brüder, Vettern, Unbekannter gehst, die genauso sind wie du, über Straßen, von denen du nicht weißt, ob sie schön oder häßlich, alt oder neu sind, die einfach Straßen sind und damit genug! Meine Eltern sind Herr Zweifel und Frau Bewußtsein, meine Gattin ist Frau Kultur und meine Familie ist die Menschheit!

NINETTO *(lacht)*: Ich heiß Ninetto, die meinigen sind Innocenti Totò und Semplicetti Grazia... [Totò Unschuldig und Grazia Einfältig. Anm. d. Ü.]

Totò hat gefunden, was er suchte: eine große Hecke am Ende der Straße, hinter der Kurve. Dort ist Friede und Einsamkeit.

TOTÒ *(mit einem etwas gequält wirkenden, höflichen Lächeln, etwas steif aufgrund der Notwendigkeit, sich als wohlerzogen zu erweisen)*: Mit Verlaub!

Und er läuft rasch an den Straßenrand, springt über den Graben und verschwindet hinter der Hecke.
Sein Sohn hat ihn beobachtet und hört einen Augenblick lang konzentriert in die Tiefen seiner Eingeweide hinein.

NINETTO: Und ich, Papa?

Und mit diesen Worten schließt er sich kühn dem Unterfangen seines Vaters an und verschwindet ebenfalls hinter der Hecke. Der Rabe wartet, wohlerzogen und geduldig, diesseits der Hecke. Die Hecke ist ein großes, staubiges Gestrüpp, hinter einem ausgetrockneten Straßengraben: Darüber fliegen ein paar Insekten. Und da kommt auch einer jener selbstvergessenen Zitronenfalter, wie man sie an glühendheißen, trägen Sommertagen sieht: Er flattert hierhin und dorthin, leicht wie eine Feder. Dann verschwindet er am gleißend hellen Himmel, seinem baldigen Ende entgegen.
Plötzlich hört man in der Stille hinter der Hecke jemanden pfeifen: ein Pfeifen, selbstvergessen wie das Flattern des Schmetterlings; der, der pfeift, hat offenbar viel Zeit und keine Sorgen oder ist Philosoph genug, sie zu vergessen.

STIMME NINETTOS *(der zuerst pfeift und dann singt):*
Alles, alles geht zu Ende
auch du wirst von mir gehn
bleiben wird jedoch
meine Liebe zu dir.

Die letzten Verse singt er lauter, leidenschaftlich, er brüllt wie ein Marktschreier.

STIMME TOTÒS *(zu Ninetto, hinter der Hecke):* He, Niné, wie heißt der, der auf'm Mond spazierengegangen is? Gagarin?
STIMME NINETTOS: Was weiß ich!
STIMME TOTÒS: Sieh mal, is er nicht ganz weit weg, der Mond? Wie im Traum… Trotzdem fliegen sie immer wieder rauf… Siehst du ihn? Ich glaub', außer mir sieht ihn keiner…

Am Himmel steht ein merkwürdiger, unwirklicher Mond, wie er manchmal am Tag zu sehen ist, umgeben von einer gleißenden Dunstwolke.

STIMME NINETTOS *(halb beleidigt, prompt)*: Seh' ihn aber auch!
STIMME TOTÒS *(weise)*: Ich weiß, ich weiß!

In diesem Augenblick hört man hinter der Hecke, vom anderen Ende der Felder wütende Stimmen, Schreie, Befehle, die keinen Widerspruch dulden.
Ferne böse brüllende Stimmen.
Was geschieht hinter der Hecke?
Die Stimmen werden immer deutlicher und kommen rasch näher, bis man ganz klar den ersten Satz hört:

STIMME DES BESITZERS: Schweine, Verbrecher! Immer bei mir, immer bei mir! Noch mal und ich bring' euch um! Wir sind hier nicht im Cobianchi, nicht hier!
STIMME TOTÒS: Was regste dich auf, geht die Welt unter, oder was?
STIMME DES BESITZERS: Nicht aufregen soll ich mich? So geht das nicht weiter, ich schau nicht länger zu, wie die Leute Tag für Tag 'ne Sauerei anstellen auf meinem Feld... Hab' Töchter, hörst du, junge Töchter...
STIMME NINETTOS *(leise und spöttisch)*: Her damit...

Der Schreihals und zwei, drei andere haben inzwischen die Hecke erreicht, hinter der die beiden Schuldigen hocken. Und hinter der Hecke hört man nun ganz nah und laut die Stimmen der seltsamen Auseinandersetzung.

STIMME DES BESITZERS: Wer erlaubt euch überhaupt, da reinzukommen, ha?
STIMME NINETTOS *(noch immer zu sich)*: Der Allgemeine Boden-Verband.
STIMME DES BESITZERS: Und zu was ist der Zaun da... ha?
STIMME TOTÒS *(besänftigend)*: Tschuldigung, Meister... schon gut... kein Grund, sich aufzuregen... passiert eben... heut' mir, morgen Euch...
STIMME DES BESITZERS: Nicht auf'm Feld von 'nem andern, kapiert... Gibt sogar Gesetze gegen diese... diese Sauereien! Anzeigen könnt' ich euch deswegen!
NINETTO *(kann sich nicht länger zurückhalten)*: Käm 'n schöner Prozeß raus! Holt Ihr die Spurensicherung her?
STIMME DES BESITZERS: Was, frech auch noch? A... A... A... du... das is mein Land da! Ich bin das Land...
STIMME NINETTOS: Haben halt 'n bißchen gedüngt, bist uns sogar was schuldig...

STIMME DES BESITZERS: Ach ja! Jetzt hör mal gut zu. Nach Hause könnt ihr ihn tragen, euern Dünger, mitnehmen könnt ihr ihn...
STIMME TOTÒS: Aber Meister, was... Scherz beiseite... is das 'n Scherz oder meint Ihr's ernst?
STIMME DES BESITZERS: Todernst... Nehmt ihn, euern Dreck, und tragt ihn weg...
TOTÒ: Und wenn nicht?
STIMME DES BESITZERS: Dann macht euch auf 'ne Ladung Schrot gefaßt! *(er brüllt aus vollem Hals)* Severaaa! 's Gewehr! *(dann wieder zu den beiden, außer sich)* Räumt ihn weg, oder 's passiert was...
STIMME TOTÒS: Spaß muß sein, aber jetzt reicht's...

In diesem Augenblick gehen die aufgebrachten Stimmen hinter der Hecke in unartikulierte Schreie über, die sich mit dem Geräusch von Schlägen und mit Jammerlauten vermischen.
Der Rabe fliegt besorgt auf und setzt sich auf einen Zweig über der Hecke, und von dort aus sieht er:
Eine gewaltige Rauferei: Totò und Ninetto verprügeln vier, fünf alte Männlein, die häßlich wie Vogelscheuchen sind und hin und her fliegen wie trockenes Schilf.

BESITZER *(unter den Schlägen, die auf ihn niederprasseln)*: Severaaa! Severaaa!

Und ganz hinten, vor dem Bauernhaus, taucht die schwarze Gestalt Severas auf, die mit der Doppelflinte im Arm gelaufen kommt: Sie bleibt stehen und schießt in die Luft.

TOTÒ *(zu seinem Sohn)*: Los, Niné...
NINETTO: Lauf, Papa...

Die beiden laufen Hals über Kopf davon, quer über die versengten Wiesen und Felder, außer Atem, mit dem Raben im Gefolge: Sie laufen, laufen und laufen... rutschen aus, fallen hin, stehen wieder auf, verabfolgen sich Ohrfeigen und Fußtritte, während in der Ferne Schüsse abgefeuert werden und der Rabe...

RABE *(folgt flügelschlagend der wilden Jagd, kichert, als wollte er darüber hinwegtäuschen, daß seine gelehrten Tiraden völlig fehl am Platz sind)*: Wir haben Krieg! Wegen eines Taschentuchs am Boden! Krieg zwischen Indien und Pakistan, Krieg um Trient und Triest! Und ihr lauft davon, wie? Fracksausen, wie? Schlechtes Gewissen, wie? Haha! Ihr wißt es zwar nicht, aber ihr seid Komplizen des Alten bei der kriminellen Verherrlichung des Idols Eigentum! Warum habt ihr ihn verprügelt? Weil ihr tief in eurem Inneren gespürt habt, daß ihr im Unrecht wart und er im Recht! Nur wer im Recht ist, wird verprügelt! Ich würde sogar so weit gehen, zu behaupten, daß ein Volk, das das Land eines anderen Volkes erobert hat, nur deshalb mordet und tötet, weil es im Unrecht ist: Aber auch wenn das unterdrückte Volk sich auflehnt und seine Sizilianische Vesper veranstaltet, tötet und mordet es, weil es zuvor das Unrecht begangen hat, sich töten und ermorden zu lassen! Und deshalb hatte Gandhi recht! Deshalb müssen wir wie Gandhi immer mit Gewaltlosigkeit siegen! Wie Gandhi hättet ihr euch verhalten sollen! Euer Taschentuch hättet ihr nehmen sollen, still und brav, eure Kacke hineinlegen und sie wegtragen! Wie ein Trottel wäre der Eigentümer auf seinem Besitz gestanden! Und ihr hättet in einem einzigen Akt der Sanftmut die kommunistische Revolution und das Evangelium in Einklang gebracht!

Schild, auf dem steht:
Und so weiter und so weiter

Straßen außerhalb der Peripherie
Außen. Tag

Die drei Freunde gehen und gehen. Parellel zur Landstraße verläuft hier eine große asphaltierte Straße: Die wenigen übriggebliebenen Felder sehen traurig aus und werden unbarmherzig von der Sonne versengt. Ringsum, zwischen den beiden Straßen und etwas weiter entfernt, auf dem hügeligen Land, stehen riesige, helle, weiße, infernalische Bauten. Es sind Fabriken, einige von ihnen sind bereits fertiggestellt, andere befinden sich noch im Bau; ihre Umrisse – die der Städte der Zukunft – wirken absurd in der kargen Landschaft.
Alles hat etwas Trauriges und Geheimnisvolles. Und tatsächlich hört man im Hintergrund dieselbe leise, düstere Musik wie in jener Szene, als der Rabe zum ersten Mal aufgetaucht war. Am merkwürdigsten ist jedoch, daß die Fabriken aussehen, als würden sie nicht funktionieren. Eine eigenartige Stille, eine geheimnisvolle Ruhe lastet auf ihnen.

Wird gestreikt? Wahrscheinlich nicht. Denn die Arbeiter stehen vor den Fabriken, auf den Straßen. Schwarze Pünktchen im stillen weißen Licht der Mittagssonne. Vielleicht, weil sie im Freien essen und nicht in den Kantinen. Sie sind überall, sie stehen vor den Fabrikmauern, entlang der ausgetrockneten Straßengräben. Sie schweigen und wirken abwesend, wie gefangen in einem unerklärlichen Zustand des Wartens. Die drei gehen und schauen, fasziniert von diesem Schauspiel, das, wenn schon kein Schauspiel des Todes, so doch eine Art Totenwache ist.

RABE: Wollt ihr mir endlich sagen, wohin ihr geht?

Vater und Sohn werfen sich einen verschwörerischen Blick zu, als die Neugier des Raben sich so plötzlich wieder regt. Aber sie geben keine Antwort.

RABE: Also? Sagt ihr es mir?

Totòs Augen funkeln spöttisch und belustigt.

TOTÒ: Tja, wenn du wüßtest!

Ninetto läßt sich sofort von der Stimmung seines Vaters anstecken: Er sprüht vor Ironie und Spottlust, vor fröhlicher Schadenfreude.

NINETTO: Würdest du gern wissen, wie?

RABE *(scherzhaft, aber etwas verlegen)*: Ja, ich gestehe, ich würde wirklich gern wissen, wohin ihr geht.

Totò sieht seinen Sohn an und blinzelt ihm zu. Ninetto, glücklich über diese Komplizenschaft mit seinem Vater, wirft ihm einen verschwörerischen Blick zu.

TOTÒ: Ach! Mal hierhin, mal dorthin!
RABE *(fragt weiter, jedoch ohne Überzeugung, schüchtern)*: Los, sagt es mir!
NINETTO *(wie aus der Pistole geschossen)*: Spionierst wohl?
RABE *(gibt sofort wieder klein bei)*: Ist gut, schon recht... Ich gebe es auf...

Zu seinem Vater gewandt, öffnet Ninetto den Mund und streckt die Zunge heraus, wobei er auf den Raben zeigt, als wolle er sich über ihn lustig machen.

Totò bemerkt seinen Blick, aber inzwischen lautet die Parole: »Spaß muß sein, aber man muß im richtigen Augenblick aufhören«, und er seufzt, wobei er den Mund verzieht und seinen Fuß mit dem Hühnerauge streichelt.

RABE *(zu Ninetto, bemüht, wie jemand, der ein Gespräch vom Zaun bricht, das vielleicht etwas fehl am Platz ist)*: Du wirst also in der Fabrik arbeiten, Ninetto?

NINETTO *(beiläufig, mechanisch)*: Ja.

RABE: Würdest du gern in einer Fabrik wie dieser da arbeiten?

NINETTO: Mal sehen...

RABE *(soll es ein Scherz sein, oder meint er es ernst? Er kichert ironisch, während er spricht, lacht sein sokratisches Lachen)*: Weißt du, was die da drin produzieren?

NINETTO *(unfreundlich, fast beleidigend)*: Was weiß ich!

RABE: Das Tautophon...

NINETTO *(kneift die Augen zusammen und reißt angewidert den Mund auf)*: Waas?

RABE: Ja, einen Apparat, der so winzig ist wie ein kleines Ventil: Man steckt ihn in den Mund und spricht wie alle anderen auch. Dank des Tautophons gibt es keine unterschiedlichen Sprechweisen mehr, sondern nur mehr eine einzige...

TOTÒ: Und wer kauft das? Ich red', wie ich's von meiner Mutter und Großmutter gelernt hab, und so red' ich auch noch, wenn ich sterb'...

RABE: Hahaha! Es wird jedoch Pflicht sein, das Tautophon zu tragen, so wie es Pflicht ist, im Auto ein Warndreieck bei sich zu haben... Habe ich mich klar genug ausgedrückt?

TOTÒ: Wieso?

RABE: Hahaha! Weil statistisch erwiesen ist: »Wer dasselbe redet, kauft dasselbe«... Wenn also alle auf ein und dieselbe Weise reden, kaufen sie auch dieselben Kleider, dieselben Fahrzeuge etc. Und endlich wird es möglich sein, alles serienmäßig zu produzieren.

TOTÒ: Von mir aus, der Wille der Herren geschehe!

RABE: Ninetto, würde es dir denn Spaß machen, genauso zu reden wie die anderen, dieselben Kleider zu tragen, dasselbe zu essen und dasselbe Auto zu fahren?

NINETTO *(mit einem Lachen in den Augen, hundertprozentig überzeugt)*: Na sicher! Bin ich blöder als die andern?

Die traurige, epische Musik der »Scarpe rotte« wird lauter.

RABE *(legt seine Gedanken auf grandiose Weise dar)*: Ach, ich kenne einen, dem das gar nicht gefällt, und der sagt, dies sei das Ende der Menschheit... wenn die Arbeiter sich nicht endlich entschließen, zur roten Fahne zu greifen, wird nicht mehr viel zu machen sein... denn die Arbeiter sind die einzigen, die den Waren eine Seele geben können... damit die Waren menschlich bleiben und die Welt auch in Zukunft den Menschen gehört... Aber die Arbeiter schlafen und produzieren wie im Traum... Und die Ninettos konsumieren... Waren ohne Seele... die ganz langsam auch denen die Seele wegnehmen werden, die noch eine haben...

Während er redet, gehen die drei an der letzten großen, noch nicht fertiggestellten Fabrik vorbei, an einem Grüppchen von Arbeitern, die mit dem Rücken an der weißen Mauer lehnen und wirklich zu schlafen scheinen. Aber Ninetto ist schon wieder zerstreut und gelangweilt und gähnt.
Während der Rabe weiterredet, beginnen Ninettos Augen plötzlich vor Interesse zu leuchten, jedoch nicht wegen der Worte des Raben, sondern weil er am Ende der Straße etwas sieht: ein riesiges, altes, schwarzes Auto, eine kaputte Kiste, die unbeweglich in der Sonne steht. Papierstreifen mit der Aufschrift »Fliegendes Spektakel« kleben auf der alten Karosserie. Rings um das Auto stehen drei, vier Personen, wie Karnevalsfiguren: Es sind, wie wir sehen werden, Recchiabella und Ciro Lo Coco aus Neapel, Incensurato aus Sizilien, Urganda die Unbekannte, eine Heimatlose mit schamlos schwangerem Bauch, Hannibal der Vegetarier, ein Neger mit seinen beiden noch kleinen Kindern, Chicacacacapoco, im Kreise der Familie Chi genannt, und Colgatecongardol, Col genannt. Die schöne Truppe scheint ernsthaft in Schwierigkeiten zu sein. Und als unsere drei den Wagen erreicht haben, spricht der Neapolitaner sie auch tatsächlich an, im Ton dessen, der einen Passanten um einen großen Gefallen bittet.

RECCHIABELLA *(in ausgeprägtem Neapolitanisch)*: Tschuldigung... die Herren... helfen Se uns, 'n Fiat flottzumachen... 'n winzigkleinen Schubbs *(im Ton eines Marktschreiers)* Werden sagen: Sind zu viert, vier kräftige Männer, und bitten um Hilfe! *(beide Hände zeigen akrobatisch, mit ausgestreckten Fingern, auf die Brust)* Nein, nein! Bin der einzige hier, der schieben kann: der Kollege da *(er zeigt auf den Neger)* hat, verzeihen, Hämorrhoiden... der da *(und er zeigt auf den Sizilianer, der rachitisch ist und hinkt)*, sehn ja selbst... wie's steht um ihn, mir fehlen die Worte...

und der da *(er zeigt auf den anderen Neapolitaner)* is frisch maniürt *(gewitzt, verständnisvoll)* will sich de Nägel nich ruinieren... Sie verstehen...

Totò *(eilig, höflich)*: Schon recht, bringen wir's hinter uns.

Und gemeinsam mit Ninetto, der kräftig zupackt, hilft er dem Neapolitaner beim Schieben des Wagens: Sie schieben im Laufschritt, gefolgt von der ganzen Sippschaft, im Trab.
Sie schieben und schieben: Nichts, der riesige Wagen bewegt sich wie eine leere Kiste.
Sie schieben und schieben. Bis die Kräfte sie verlassen.
Der Wagen steht da, im Sonnenschein, zwischen den wie betäubt daliegenden Feldern, wo die Grillen zirpen. Und die Sippschaft ringsum wischt sich den Schweiß ab, niedergeschlagen und deprimiert.
Totò streichelt zärtlich seine Füße mit den Hühneraugen, resigniert und mit schmerzverzerrtem Mund.
Recchiabella betrachtet trostlos das Auto, dann stellt er feierlich fest:

RECCHIABELLA: Um den Karren flottzumachen, bräuchte man Hilfe von oben... Ach ja... *(seufzt).* Nichtsdestotrotz aufrichtigsten Dank für die Mitarbeit... *(mit plötzlicher Weltläufigkeit)* Gestatten... Recchiabella.

Er drückt Totò die Hand. Auch die anderen defilieren höflich an ihm vorbei, um sich vorzustellen.

CIRO LO COCO: Ciro Lo Coco...
INCENSURATO: Incensurato...
URGANDA DIE UNBEKANNTE: Urganda die Unbekannte...
HANNIBAL DER VEGETARIER: Hannibal der Vegetarier... Und das sein meine kleine Kinder... Chicacacapoco, genannt Chi... und Colgatecongardol, genannt Col... *(kommt direkt zur Sache)* Ihr haben Hühneraugen?

Tatsächlich streichelt Totò nach dem schweißtreibenden Lauf mit einer Hand seine Latschen, während er mit der anderen die Hände drückt, die sich ihm zum Gruß entgegenstrecken.

TOTÒ *(antwortet sofort, glücklich, über sein Leiden sprechen zu dürfen, wobei er die Hände zum Himmel hebt)*: Ach! Erinner mich nicht daran, glücklicher Neger! Kennst du die, die übers Feuer laufen... und den Geist des Todes darin verbrennen? Mir geht's wie ihnen... nur schlechter!

HANNIBAL: Ich haben Wundermittel...

RECCHIABELLA: Hört nich auf ihn, das nimmt er nur für sich... is 'n
Negermittel... 'ne Krem, die gibt er nich her... Und wenn, läßt er sich's
was kosten... *(vermittelnd, ganz auf der Seite Totòs).*

TOTÒ *(schöpft Hoffnung)*: Na schön, wieviel... bißchen Geld hab' ich
ja... wenn's nicht allzuviel is...

HANNIBAL: Fünftausend...

RECCHIABELLA: Iiiiih! *(ein Schrei, der sagen will: »Hab' ich es Euch
gesagt. Der ist wahnsinnig!«).*

TOTÒ: Das is zuviel... ganz ausgeschlossen... Bin Bauer, nicht Beamter
im Ministerium.

*Recchiabella wirft Totò einen Blick zu, der so gerade ist wie ein Faust-
hieb, als wolle er ihn in seiner Haltung bestätigen: Dann packt er den
Neger am Arm und zieht ihn weg, ins pralle Sonnenlicht, um mit ihm zu
reden. Während die anderen warten, werfen sie sich freundliche Blicke
zu, lächeln höflichkeitshalber, wobei sie wie Hyänen oder wie Leichen
die Zähne blecken.*

INCENSURATO: Ohne anzugeben, schöner Tag heute!

TOTÒ: Ohne falsche Bescheidenheit, aber heut abend regnet's!

*Aber inzwischen macht Recchiabella triumphierende Gesten und
kommt mit siegessicherer Miene zurück.*

RECCHIABELLA: Quo vadis? *(das ist ein Siegesschrei: wie »habemus
papam«)* Überredet! So 'n Glück... *(dann schlägt er dem Neger mit der
Hand auf die Schulter)* Was sag' ich: Dir geben se noch 'n Nobelpreis fürn
Frieden. *(wieder zu Totò, vertraulich, rasch, leise)* Tausendfünf!

*Totò läßt sich vom Jubel des Neapolitaners anstecken und holt freudig
die Moneten aus seiner Geldbörse. Inzwischen geht der Neger zum
Auto und kommt wieder zurück... Mit fünf, sechs Schlangen um den
Hals... und einer Dose in der Hand... Beeindruckend sind allerdings
die fünf, sechs Schlangen. Ihm folgt der andere Neapolitaner mit einem
Holzbildchen des heiligen Gennaro in der Hand.*
*Sie nähern sich Totò, der eine Heidenangst vor den Schlangen hat, um
den Kauf abzuwickeln.*

TOTÒ *(hält dem anderen das Geld hin und nimmt die Salbe, wobei
ermurmelt)*: Der traut sich was!

128

Der unerwartete Schrei Urgandas der Unbekannten lenkt die Aufmerksamkeit aller auf ein paar Arbeiter, die hintereinander die Straße entlang gehen, finster und schweigsam.
Urganda die Unbekannte läuft, sich den Bauch haltend, weg, um ein Plakat zu holen, auf dem steht: »*Wie Rom die Welt zugrunde richtete*«.
Auch die anderen stürzen – unter den erstaunten Blicken Totòs und Ninettos – zum Auto, um sich umzuziehen.

Erste Szene: Urganda die Unbekannte spielt, auf allen vieren laufend, eine Wölfin. Sie heult. Und da entdeckt sie plötzlich ein Körbchen, in dem Chicacacacapoco und Colgatecongardol sitzen, die Romulus und Remus sind. Sie heult, wobei sie auf allen vieren läuft und den kleinen Negerleins ihre Titten zum Saugen hinhält.

NINETTO *(lachend):* Chicacacacapoco und Colgatecongardol! Was für Römer!

Dann läuft die Wölfin heulend auf allen vieren davon. Die beiden Negerkinder bleiben allein zurück. Chicacacacapoco zeichnet ein Quadrat auf den Boden; Colgatecongardol springt mit einem Satz aus dem Quadrat hinaus, und Chicacacacapoco bringt ihn um. Colgatecongardol bleibt leblos am Boden liegen, mit ausgebreiteten Armen und geöffneten Augen.

Zweite Szene: Cäsar an der Spitze seiner Legionen, auf dem Weg, die Welt zu erobern. Incensurato, der Hinkende, ist Cäsar. Die anderen spielen die Legionäre. Sie marschieren, sagen wir, im Stechschritt, und laufen immer wieder im Staub um das Auto herum.
Und jetzt tritt Urganda die Unbekannte als Kleopatra auf, mit den beiden Negerleins, die ihr Luft zufächeln.
Cäsar und Antonius sehen sie bewundernd an und ringen miteinander, versetzen sich Püffe, bis Cäsar sie gewinnt. Liebesszene zwischen Cäsar und Kleopatra. Kuß auf den Mund. Dann kehrt Cäsar nach Hause zurück. Und hier erwartet ihn Brutus (Hannibal) mit den anderen Verschwörern. Kleines Mordballett.

Cäsar brüllt: »*Brutus, du Hurensohn*« *und stirbt.*

Dritte Szene. Wir wohnen jetzt den Spielen im Kolosseum bei. Der Neger spielt Nero.

RECCHIABELLA *(schreit wie ein Ansager, wobei er auf den Neger zeigt):* Nero!

Nero veranstaltet mit seinen Höflingen Orgien und Saufgelage, wobei er höhnisch grinst. Eine Sklavin – Urganda die Unbekannte – bekreuzigt sich. Daraufhin wird sie in Ketten in die Arena geschleppt. Und der Löwe (Incensurato, der Hinkende) kommt in die Arena gelaufen und frißt sie auf. Nero spielt Harfe.

HERO: Ach, ich liebe nackte Frauen und Ananas!

Während die Sippschaft ihr »fliegendes Spektakel« aufführt, gehen die Arbeiter am gegenüberliegenden Straßenrand vorbei, gleichgültig und finster. Als würden sie über die Wege einer anderen Welt schreiten. Sie geben einen bewegten und lebendigen Hintergrund für das wüste Schauspiel im Vordergrund ab.
Während Nero noch immer singt, beginnt Urganda die Unbekannte plötzlich zu brüllen, jedoch nicht aus Spaß oder Spiel: Nein, sie schreit im Ernst. Die Wehen haben eingesetzt.
Die anderen heben sie auf, tragen sie ins Auto. Großes Durcheinander. Schreien, Lachen, Weinen. Kurz darauf windet sich ein kleines Würmchen im Staub: ein kleines Mulattenmädchen. Es ist direkt aus dem Bauch der Mutter in den Staub der Mutter Erde gefallen. Und strampelt nun fröhlich und unruhig mit den Beinchen, aus lauter Lust dazusein. Die beiden kleinen Neger jauchzen, als sie es sehen, und machen Freudensprünge.
Ciro Lo Coco hebt es zärtlich und fürsorglich vom staubigen Boden auf und hält es in die Höhe.

CIRO LO COCO: Noch 'n Maul mehr zu stopfen. Maria lebe hoch!
INCENSURATO *(fröhlich sizilianisch):* n' Mädchen! Jesus lebe hoch!

Hannibal vollführt vor Freude einen Negertanz, hüpft im Kreis, und Chicacacacapoco und Colgatecongardol tun es ihm nach.
Ciro Lo Coco legt inzwischen Urganda der Unbekannten, die von Recchiabella gestützt wird, ihr Töchterchen in die Arme, während die anderen im Kreis um sie herum tanzen.

CIRO LO COCO: Nimm. Laß sie aber ja nich liegen vor der nächsten Kirche!

URGANDA *(nimmt ihre Tochter)*: Iiiih! Wie nennen wir se?

HANNIBAL *(wehmütig)*: Schneeweißchen!

INCENSURATO: Staubgrauchen, zu Ehren des heiligen Vagabunden!

CIRO LO COCO *(verzückt)*: Nein! Keiner hat se wollen, keiner hat auf se gewartet! Sie wollte kommen... Also isse uns willkommen! Benvenuta!

URGANDA: Iiiih, ja, ja, Benvenuta, Mamas Liebling!

RECCHIABELLA: Willkommen Benvenuta! Willkommen Benvenuta!

Er springt zum Auto und holt Böller, während die anderen ihren Willkommenstanz fortführen, und feuert sie ab.
Bollerschüsse und Explosionen und Leuchtraketen...
Bollerschüsse und Leuchtraketen und Tänze, bis plötzlich alle Hals über Kopf ins Auto klettern, das scheppernd und puffend davonfährt und am Ende der staubigen Straße verschwindet, vor dem Hintergrund der unfertigen Fabrikbauten.
Unsere drei sehen aus, als hätten sie eine Katastrophe überlebt. Welcher Friede! Was für eine Stille ringsum!
Totò setzt sich an den Straßenrand, an den Rand des ausgetrockneten Straßengrabens.

TOTÒ: Aaaa! *(ein langes »Aaah« der Zufriedenheit und der kaum verhohlenen Hoffnung)*

Ganz langsam zieht er die Schuhe aus: Und er streichelt sehr liebevoll seine nackten Füße.

TOTÒ *(noch einmal)*: Aaaah!

Er öffnet ganz langsam die Dose und beginnt mit religiöser Andacht, Salbe auf seine Füße zu schmieren.
Während Totò mit seiner heiklen Operation beschäftigt ist, nähert sich der Rabe der Schachtel und begutachtet sie.

RABE *(mit seinem schüchternen, philosophischen Lachen)*: Hahaha!

TOTÒ *(sofort etwas argwöhnisch)*: Was gibt's zu lachen?

RABE: Hahaha! Wißt Ihr, was diese Dose enthält? Lest einmal!

TOTÒ: Ich und lesen! Seit vierzig Jahren hab' ich nix gelesen! Nino!

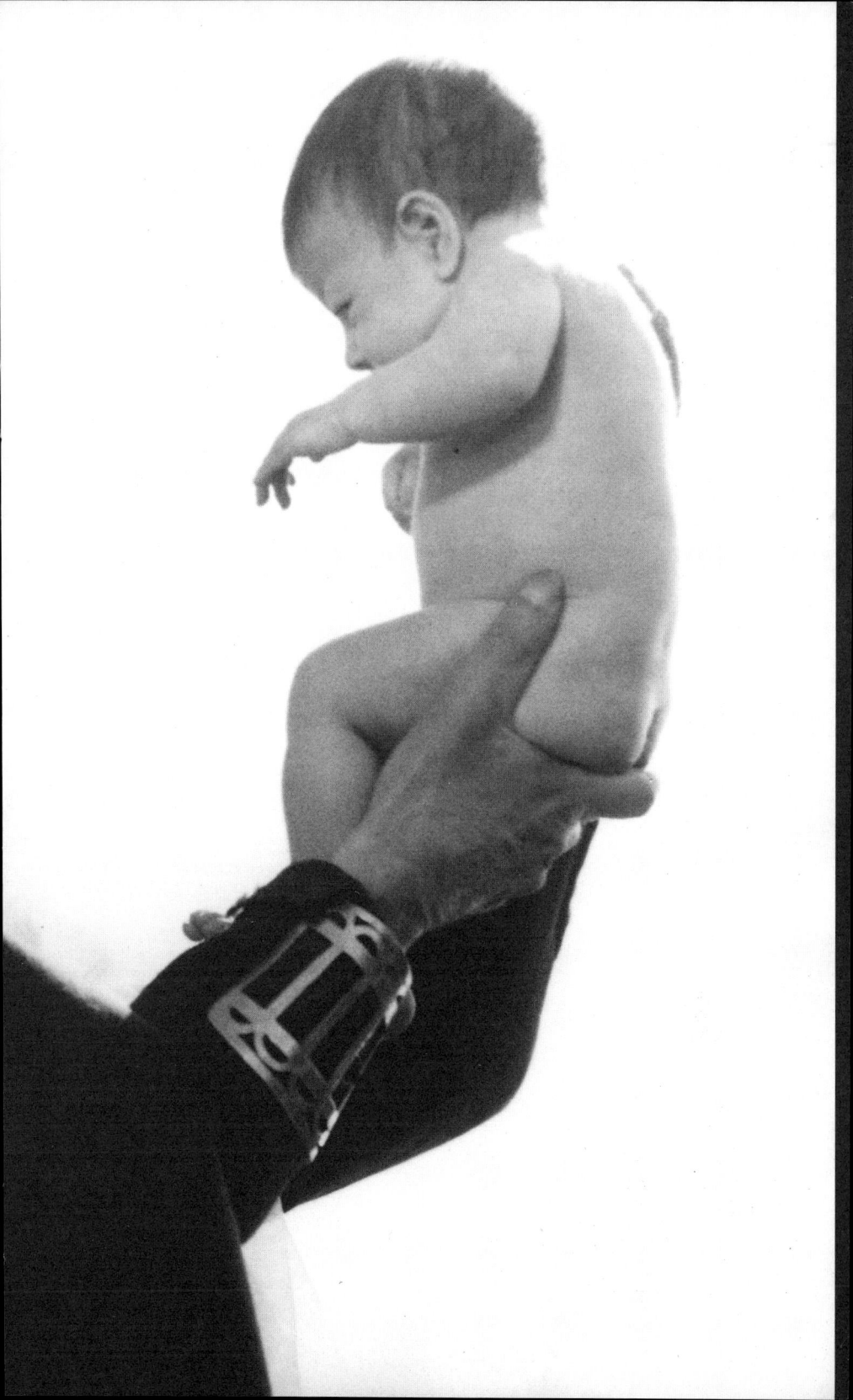

Bei diesem Befehl, der keine Widerrede duldet, dreht sich Ninetto gekränkt um.

NINETTO: Nein!
TOTÒ *(wird zornig)*: Ärger deinen Vater nicht, hörste? Komm her und lies!

Feig und widerwillig gibt Ninetto nach; mühevoll buchstabiert er die Schrift auf dem Deckel der Dose:

NINETTO: Empfä... ngni... sverhü... tende... empfängnisverhütende Sal ...be...
RABE: Hahaha! Empfängnisverhütende Salbe schmiert Ihr euch auf die Füße. Ihr Armen, man hat Euch reingelegt.
TOTÒ *(äfft ihn nach)*: Hahaha, sehr komisch ,'s Pech der andern! Was is das, empfängsverhütende Salbe?
RABE: Was, das wißt ihr nicht! Wie viele Kinder habt ihr?
TOTÒ: Achtzehn, wieso?
RABE *(wird aufs neue von Lachen übermannt, von seinem schüchternen philosophischen Lachen)*: Empfängsverhütende Mittel sind dazu da, keine Kinder zu machen, zur Geburtenkontrolle! Hättet ihr dieses Mittel rechtzeitig angewendet, würdet ihr nicht so viele Kinder haben!
TOTÒ: Was dagegen?
RABE: Das fragt ihr auch noch! Achtzehn Kinder du, achtzehn dein Bruder, achtzehn deine Schwester, achtzehn dein Sohn Ninetto da! Rechne mal nach! *(scherzhaft)* Weißt du, Ninetto, was das wichtigste Problem auf der Welt ist?

Totò hat inzwischen die Schuhe wieder angezogen, und die drei marschieren weiter, im gleißenden Sonnenlicht.

NINETTO: Was weiß ich!

Aufs neue hört man die Musik der »Scarpe rotte«.

Schild mit der Aufschrift:

Und so beginnt unser schüchterner, inoffizieller Sokrates über das Problem des Hungers zu sprechen.

Er stellt fest, daß sich die Menschen in den nächsten zwanzig Jahren um ungefähr das Doppelte vermehren werden, daß die Nahrung knapp werden wird etc. etc.

Daß man dann dem Problem der Geburtenkontrolle (ein Ausdruck, den seine beiden Gesprächspartner, Vater und Sohn, in ihrem ganzen unschuldigen Leben noch nie gehört haben) nicht länger wird aus dem Weg gehen können etc. etc.

Schild mit der Aufschrift:

Der Rabe erläutert das Problem aus allen Blickwinkeln, aus gesellschaftlicher, religiöser, moralischer Perspektive etc....

Schließlich beginnt er, über alle Parteien und alle politischen Bewegungen zu schimpfen, weil sie aus Angst, sich unbeliebt zu machen, es nicht wagen, diese Probleme öffentlich in Angriff zu nehmen, die ja die wahren Probleme der Menschheit sind.

Worauf...

Schild mit der Aufschrift:

Er eine sozio-politische Analyse jener Völker anstellt, die zu den schnellsten und unermüdlichsten Produzenten von Nachwuchs gehören.

Die Rede geht somit immer mehr in die Breite und macht auch vor der enormen Problematik der dritten Welt nicht halt; dabei fallen viele konkrete und geistreiche Bemerkungen über das Verhältnis zwischen den »Fliegenden Schaustellern«, die eben abgehauen sind, und den Arbeitern der Fabriken in der Umgebung.

Schild mit der Aufschrift:

Nach einem Viertelstündchen derartiger Belehrungen von seiten des Raben, die hin und wieder von einem schüchternen philosophischen Lachen unterbrochen werden...

Hof eines Bauernhauses
Außen. Tag

Nichts als Sonne. Kein Huhn, keine Gans, kein Hund. Nichts, rein gar nichts.
Der Tod scheint in diesem Bauernhaus zu herrschen, das einsam und verlassen dasteht, vor dem Weiß des Himmels und dem Gelb der Landschaft.
Kein Geräusch, keine Stimme ist zu hören. Ein Friedhof in einem Friedhof.

TOTÒ: Herrschaften!

Was für einen merkwürdigen Blick Totò hat. Er ist völlig verändert: Hart, selbstsicher, draufgängerisch...

TOTÒ: Niemand zu Haus? Alle gestorben? Los, auferstehn!

Und selbstsicher, aggressiv und ruhig geht er in die Mitte des Hofes und blickt sich um.
Ninetto folgt ihm belustigt; er äfft ihn ein wenig nach, indem er geht wie ein Cowboy und sich eine Zigarette anzündet, die er wie ein kleiner Ganove aus dem Mundwinkel hängen läßt.

TOTÒ: Zum Teufel, wo steckt ihr Schnorrer!

Und er blickt sich mit rollenden Augen um. Dann sieht er... eine Frau am oberen Ende einer sehr langen Leiter, direkt unter der Regentraufe. Arme Frau! Ein schwarze Haube betont noch zusätzlich ihr blasses Gesicht und die schwarzen Ringe unter den Augen, über die zwei Tränen laufen, zwei ewige, nicht versiegende Tränen. Mit langen knochigen Händen drückt sie ein Schwalbennest an die Brust.

TOTÒ: Was zum Teufel tut Ihr da oben? Los, antworten!
FRAU *(wobei sie flehentlich einen Finger an die Lippen führt)*: Psst! *(und noch einmal)* Pssst!

Und gebeugt unter der Last ihres Leids kommt sie die Leiter herunter, unterwürfig, wobei sie noch immer das Schwalbennest in den Händen hält. Als sie am Boden ist:

FRAU: Leise bitteschön… Guten Tag… Leise bitteschön, sonst wachen mir die Kinder auf…

Dann geht sie in Richtung des Hauses: Zu der armseligen Tür, die aussieht wie ein Nudelsieb.

FRAU *(bescheiden)*: Bitte einzutreten…

Ein wenig verhext von dieser Atmosphäre folgen ihr die drei und betreten das Haus.

Küche des Bauernhauses
Innen. Tag

Auf Zehenspitzen betreten sie ein großes, leeres, verrußtes Zimmer, das früher einmal die Küche war und in dem jetzt nur noch ein Tisch und ein Stuhl stehen. Auf dem Stuhl sitzt ein Mann, gebrochen vom Leid, schweigend.
Am Boden steht ein Kocher mit einem Kochtopf darauf. Auf einer umgekippten Kiste liegt ein Haufen Teller und Bestecke. Als sie den Raum betreten, hört man hinter einer windschiefen Tür eine Stimme.

KINDERSTIMME: Mama…
FRAU *(mechanisch, leidgeprüft)*: Schlaf, is noch finster draußen, schlaf!

Worauf sie, nach wie vor mit dem Schwalbennest in der Hand, den leidvollen Blick auf Totò richtet.
Totò hält dem Blick kaltblütig stand wie ein echter Geschäftsmann und kommt sofort zur Sache.

TOTÒ: Keine langen Reden… Her mit dem Geld oder ich nehm' mir 'nen Anwalt, und morgen geschieht, was geschehen muß!
FRAU: Ach, Herr Totò… Seht doch, wie's aussieht hier… wir haben kein Geld, habt Geduld… 's Schwein habt Ihr schon genommen… die Wollmatratzen auch… Wir haben nix mehr!

Sie ist kurz davor, in Tränen auszubrechen: Sie dreht sich um und geht zum Kocher, wo im Kessel das Wasser kocht. Sie nimmt den Kessel und legt das Schwalbennest hinein.

NINETTO *(frech, grausam):* Freßt Ihr schon Schwalbennester, Frau?

Gekränkt durch diese brutale Offenbarung der Wirklichkeit, kann die Frau die Tränen nicht länger zurückhalten.

FRAU *(unter Tränen):* Die Chinesen! *(schluchzend)* Die Chinesen!

Das ist die ganze Erklärung, die sie hervorbringt, während sie sich über den Kocher beugt.

KINDERSTIMME: Mama!

Die Frau nimmt sich zusammen, schluckt die Tränen hinunter, richtet sich auf und wiederholt, in Richtung der windschiefen Tür, von wo die Stimme kommt:

FRAU: Schlaf, is noch finster draußen, schlaf!

Totò blickt sich um, mit fachkundigem und abwägendem Blick.

TOTÒ *(hart):* Die Baracke is nix wert. Aber's Grundstück wird was bringen.

Die Frau, die vor dem Kocher kniet, springt bei diesen Worten auf und fällt vor Totò auf die Knie:

FRAU: Um Himmels willen! Nicht das Haus!
TOTÒ: Was sonst!
NINETTO: Bravo Papa!

Die Frau schluchzt, das bleiche Gesicht erhoben, während aus den zusammengekniffenen Augen unablässig Tränen strömen.

KINDERSTIMME: Mama!
FRAU: Schlaf, is noch finster draußen, schlaf!

*Und dann murmelt sie, in einer heroischen Pause zwischen zwei
Schluchzern, wobei sie den Blick zu ihren Peinigern hebt:*

FRAU: Schon vier Tage, Herr, kriegen meine Kinder nix zu essen! Vier
Tage liegen sie im Bett, und ich mach's Fenster nicht auf und sag, is noch
finster draußen, is noch finster draußen… Wenn sie aufstehn, wolln sie
essen… Aber was, was geb' ich ihnen, Herr…

*Aufrecht und unnachgiebig wie ein Imperator steht Totò vor der knien-
den Frau.*

TOTÒ: Gute Frau, was soll ich sagen…ich kann nichts machen… Flennt
die Madonna an, nicht mich…

Er blickt sich noch einmal prüfend um im Haus.

TOTÒ: Bisines is Bisines. Komm, Niné!

*Und gefolgt von Ninetto, der wie ein unartiger kleiner Junge den Gang
eines Cowboys nachahmt, verläßt er die Küche.
Mit einem schrecklichen Seufzer geht die Frau zum Kocher, seufzt noch
einmal, fischt das Schwalbennest aus dem Wasser, legt es auf einen Teller, nimmt ein Besteck und setzt es ihrem Mann vor, stumm und starr
wie ein Standbild des Schmerzes.
Der Mann ißt mit Messer und Gabel das Schwalbennest, mit langsamen, melancholischen Bissen.*

**Straßen außerhalb der Peripherie
Außen. Tag**

*Die drei gehen und gehen.
Sie gehen schweigend. Als letzter geht der Rabe.
Ninetto ist wie immer sorglos und unbekümmert, vielleicht pfeift er ab
und zu ein bißchen, glücklich wie ein kleines Äffchen.
Ganz im Gegensatz zu Totò, der unruhig ist und finster drein blickt.
Er sieht den Raben an.*

Der Rabe schweigt.
Er sieht den Raben nochmals an.
Der Rabe schweigt.
Er sieht den Raben ein drittes Mal an.
Der Rabe schweigt.

TOTÒ: Also, raus mit der Sprache! Was gibt's diesmal zu sagen?

Der Rabe geht schweigend weiter.

TOTÒ: Ihr redet nur, wenn's Euch paßt, wie? Los, worauf wartet Ihr?...
(um sich zu rechtfertigen, spielt er den harten Mann) Bin sowieso im
Recht!
RABE: Ach, ob Ihr im Recht seid oder im Unrecht, ob Ihr Euch richtig verhalten habt oder falsch, sind Dinge, die Ihr mit Eurem Gewissen abma-
chen müßt, nicht mit mir! Ich mische mich nicht ein, ich will nicht über
Euch urteilen! Ich bin weder Priester noch Stalinist! Wenn es Euch aber
interessiert, sage ich Euch, daß Ihr Euch wie ein richtiger Kleinbürger verhalten habt, und insofern seid Ihr ein Opfer dieser Gesellschaft, in der der
große Fisch den kleinen schluckt. Ich sage nicht: »Ihr habt Euch falsch verhalten«, ich sage: »Aufgepaßt, daß ein großer Fisch nicht Euch schluckt!«
Hahaha!

Und sie gehen und gehen ihres Weges.

Straßen außerhalb der Peripherie
Außen. Tag

Inzwischen ist Totò sein gesamtes Selbstbewußtsein abhanden gekom-
men: Er blickt sich unsicher um wie ein Bettler, mit verlorenem Blick.
Mit einem großen Taschentuch wischt er sich den Schweiß ab. Er ver-
zieht das Gesicht, weil ihm die Hühneraugen weh tun.
Inzwischen stehen die drei, nach wie vor im grellen Sonnenlicht, vor
einer großen Villa: einer jener Villen, wie sie sich die römischen Neurei-
chen auf dem Land rund um Rom haben bauen lassen: Egal ob schön
oder häßlich, wichtig ist, daß sie prunkvoll ist, Werk und Wohnsitz
reicher Leute.

Wie zuerst vor dem ausgestorbenen Bauernhof, bleiben die drei stehen und betrachten die Villa, und dann gehen sie, mit Totò an der Spitze, zum großen Tor.
Vor dem Tor stehen ein paar Autos (natürlich keine Sechshunderter) und ein Autobus, an dem ein Schild mit der Aufschrift befestigt ist: »Erster Kongreß der Dantisten und Dentisten«. Eine Stimme mit unglaublichem kanadischen oder australischen Akzent, die hinter der Hecke Verse deklamiert, ist hinaus bis auf die im gleißenden Sonnenlicht daliegende Straße zu hören.

Feierliche Stimme mit kanadischem oder australischem Akzent.

Garten der Villa Neureich
Außen. Tag

Unter den Gästen sind Elsa de Giorgi, Rino Dal Sasso, Edmonda Aldini, Enzo und Flaminia Siciliano (nicht jedoch Moravia und Dacia), Paola Olivetti, vielleicht auch Titina Maselli, Umberto Eco, Scalfari, die Ehepaare Mordo, Civica und Degli Effetti, Paolo Milano, Lino Curci, Livia de' Stefani. Die Intellektuellen sitzen jedoch ein wenig abseits und bilden eine Gruppe für sich. Die wahren Stars der Gartenparty sind gut zwei Dutzend Dantisten. Und Professor Baldini mit seinem struppigen Bart, den Leib in wehendes englisches Tuch gehüllt, steht zwischen den beiden Gruppen und spielt den Demiurgen: Er steht in der Mitte, neben einem Plattenspieler, mit dem Ausdruck des ›Wissenden‹, Natalia Ginzburg sieht ihn nachsichtig an.
Die unmögliche deklamierende Stimme kommt vom Plattenspieler.

DEKLAMIERENDE STIMME VOM PLATTENSPIELER: Die Worteee, dunkler Farbeee, sah isch ans Haupt eineeer Pforteee geschri-ieben steheeen etc. etc...

Alle amüsieren sich köstlich bei dieser allophonen Rezitation: Und Gabriele Baldini in der Mitte hat die Funktion, die beiden unterschiedlichen Unterhaltungen zu koordinieren.

Zwei Dantisten, die aussehen wie Dick und Doof – der eine hat einen Bart, der andere Koteletten – stecken die Köpfe zusammen, und der Dicke flüstert dem Dünnen ins Ohr:

DICKER DANTIST *(mit erlesener Ironie, unendlich anspielungsreich):* Ich gebe Contini durchaus recht, wenn er Dante Polylinguismus bescheinigt, was jedoch eine allophone Rezitation anbelangt... die ja darauf abzielt, der »Komödie« eine eventuelle Polyphonie nachzuweisen: Das geht zu weit!

Der Dünne kichert, wobei er die Zähne bleckt: Der Herr Professor ist entzückt, mit dem international anerkannten Dantisten scherzen zu dürfen.
Gabriele Baldini hat die Worte aufgeschnappt, und wie ein Schmetterling transportiert er den Blütenstaub von einer Blume zur anderen: Von den beiden Bärtigen, dem Dünnen und dem Dicken, flattert er zu anderen, schon etwas verwelkten Blüten. Und zwar zu zwei Damen um die Fünfzig, zwei jugendlich gekleideten Schriftstellergattinnen, deren arme großzügige Gesichter voller Falten sind.

PROFESSOR BALDINI *(galant zu den Damen):* Professor Otto Volanten behauptet, jede eventuelle polyphone Interpretation der Komödie sei grundsätzlich falsch.
VERBLÜHTE DAME MIT ORANGENEM HUT *(öffnet nur ein wenig ihren abgerundeten Schlund, womöglich aus Schüchternheit):* Was für ein außergewöhnlicher Mensch!

Professor Baldini flattert zu den Professoren und kniet sich vor einen dritten Professor hin, dem er etwas ins Ohr flüstert, wobei er seine Ärmchen träge unter dem Bart auf- und abbewegt:

PROFESSOR BALDINI *(eitel, mit gutmütiger Arglist):* Die Damen halten Herrn Professor Otto Volanten für einen außergewöhnlichen Menschen. Das ist jedoch ein Irrtum, denn es ist allseits bekannt, daß er seine Dante-Theorien wortwörtlich aus dem Buch des englischen Dantisten Fred Efame abgeschrieben hat – der unter anderem auch der Autor der Komödie »Blutige Unterhosen bei Scotland Yard« ist *(unheimlich schnell, beinahe stotternd),* der Vorlage zu James Bond, erschienen 1933 in Oxford... *(kichert)* aber bitte, was soll's!

*Diese Situation bietet sich Totò und Ninetto, die vom Gartenweg aus
zuschauen.*
*Schließlich kommt ein Butler auf sie zu, gefolgt von Enzo Siciliano, der
jedoch weitergeht, wobei er sich unablässig mit der Hand über den Kopf
streicht, von der Stirn in den Nacken, wie einem scheuenden Pferd,
während die Stimme vom Plattenspieler unerbittlich weiter deklamiert:*

STIMME VOM PLATTENSPIELER: Ergriffeeen lauscht isch gleisch dem
Donneeerklang, und ei-in Tedeeeeum, schien m-ir, hört isch singeeen…
BUTLER: Bitte, Sie wünschen?
TOTÒ: Würden gern den Herrn Inschönjör sprechen… den da!

Und er zeigt respektvoll mit dem Kinn auf ihn.

*Ein kleiner, bleicher und kurzatmiger Herr, der inmitten einer Gruppe
von Damen mit orangenen Hüten und zwei riesigen, sanften Hunden
steht.*

BUTLER: Bitte, folgen Sie mir…

*Und er geht ihnen voraus zur Villa: Die drei folgen ihm kleinlaut, während die feine Gesellschaft im Garten den sublimen Vortrag des allo-
glotten Dante genießt.*

DRÖHNENDE STIMME VOM PLATTENSPIELER: Aufbli-ickend so zu i-ihrer
gü-üldenen Schaaar, in Si-innen ti-ief bin isch in Schlaf gefalleeen… etc.
etc……

Villa Neureich
Innen. Tag

*Als der Butler Totò und Ninetto ins Arbeitszimmer des Hausherrn tre-
ten läßt, stürzen sich zwei riesige Hunde, die wie wilde Tiere auf den
glänzenden Kacheln herumlaufen, mit einem gigantischen Satz auf die
beiden Unglücksraben, packen sie an der Gurgel und reißen sie zu
Boden, wo sie sie festhalten, indem sie sich mit ihren riesigen Leibern
gut genährter Tiere auf die beiden Bohnenstangen legen.*

NINETTO *(mit einer komischen Angst in Augen und Stimme)*: Hilf mir, Papa, hilf mir!

TOTÒ: Ruhig, Ninè, brav... benimm dich...

NINETTO: Papa, der frißt mich auf, mit 'nem einzigen Biß!

TOTÒ: Aber was! Stell dich nicht blöd! Das is so üblich bei 'n Herrschaften, das is die feine Art, was auszusetzen daran?

NINETTO: Und was tu' ich hier, Papa?

TOTÒ: Ich hab' hier zu tun, also hast auch du hier zu tun! *(im gewohnten, belehrend väterlichen Ton)* So is das Leben! Draußen bist du selbst. 'n freier Mensch. Bist aber drin bei 'n Herrschaften, is wie in der Kirche, wenn sie die Hostie in die Höh heben... die Glocke bimmelt... ding ding ding... und keiner 'n Mucks machen darf... wegen dem Geist des Opfers... oder was weiß ich! Halt still und blamier mich nicht!

Ninetto findet sich also mit seiner Situation ab: Und er blickt sich verwundert um. So sieht er von unten:
Wände, an denen abstrakte und informelle Gemälde hängen: Vielleicht sogar ein Bacon.
Antike Möbel und Krimskrams, der direkt in Kano oder Palmira gekauft wurde.
Und jetzt betritt, noch immer von unten gesehen, der Ingenieur das Zimmer: bleich, nachlässig gekleidet, mit Ringen unter den Augen und Hängebacken, ein armseliges Männchen um die Fünfzig. Seine beiden Riesenhunde begleiten ihn, sie sind jedoch ganz brav und lecken ihm ohne Unterlaß zart Hände und Füße.

TOTÒ *(vom Boden aus, wie ein Christus, unter dem Hund)*: Tag, Herr Inschönjör...

INGENIEUR: Guten Tag, mein Lieber. Ich nehme an, Sie sind gekommen, Ihre Pflicht zu erfüllen... Wir haben heute den 25., Ihre Frist läuft heute ab, wenn ich nicht irre...

TOTÒ *(unter dem Hund)*: Hatte vor... laßt mich erklären... Zwei Hektar Brokkoli sind mir gefroren, wegen dem vielen Schnee, hab' keine Lira verdient... Und der Schuft da *(zeigt auf Ninetto)* schnappt sich jeden Sonntag den Traktor und fährt zur Messe... kann gar nicht fahren und kracht mit'n Sechshunderter zusammen, Totalschaden... und ich muß zahlen... immer nur zahlen... kein Wunder bei achtzehn Kindern, Ihr wißt ja: zwei beim Militär, einer im Knast, drei studieren... und der da, der einzige, der mir hätt helfen können... fühlt sich plötzlich berufen, der Trottel, will Kapuziner werden...

INGENIEUR: Seht Ihr die vielen Bilder an der Wand? Die kostbaren Gegenstände usw.?

TOTÒ: Natürlich! Sehr schön!!

INGENIEUR: Sie sind grauenhaft, sogar der Bacon. Meiner Frau gefallen sie, die Gäste hat übrigens sie eingeladen, es sind ihre intellektuellen Freunde und ihre Kollegen von der Universität. Ich bin bloß ein Geschäftsmann, ich mache Geschäfte und kümmere mich um Geschäfte... Gebt mir also das Geld, oder ich bringe Euch ins Gefängnis... ohne viele Umstände!

Bei diesen Worten schnalzt er mit den Fingern, und die beiden Hunde lassen von Vater und Sohn ab, die sie bis jetzt auf den kostbaren Fliesen festgehalten haben.

Totò steht kleinlaut auf: Er weiß nicht, was er tun soll, doch plötzlich macht er seinem Ärger auf unerwartete Weise Luft. Er versetzt Ninetto, der nicht weiß, wie ihm geschieht, eine schallende Ohrfeige.

TOTÒ: Haste gesehen? Glaubt ja nicht, du und deine Mutter, ich hätt' Schwierigkeiten. *(worauf er zum Ingenieur, beinahe augenzwinkernd, sagt)* Danke, Herr Inschönjör, und bittschön um Verzeihung... Hab' Euch 'nen schönen Strauß Rosen gepflückt im Garten... und vergessen, ihn mitzunehmen... 's nächste Mal dann... Tag.

Und er geht hinaus, gefolgt von seinem Sohn.

Der Ingenieur bleibt zurück, ein kleiner, nachlässig gekleideter, bleicher Geschäftsmann, mit den beiden unterwürfigen Hunden, die ihm Hände und Füße lecken.

Garten der Villa Neureich
Außen. Tag

Im Garten herrscht eine tiefe, unerwartete Stille. Irgend etwas liegt in der Luft.

Die Damen mit den orangenen Hüten... die Dantisten, die ihre philologischen Scherzchen unterbrochen haben... die Intellektuellen mit ihren lachenden Augen... Alle warten auf etwas...

Professor Baldini ist bereit: Stolz, beinahe hochmütig – wenn dieses Adjektiv nicht im Widerspruch zu seiner angeborenen Bescheidenheit stünde –, Nase und Bart zum Himmel emporgereckt, mit reglosen Schultern und zugeknöpfter Jacke... Eine Dame mit dem großzügigen Gesicht einer diensteifrigen Mumie legt behutsam eine Platte auf. Als die Musik losdröhnt – es sind »Die Meistersinger von Nürnberg« – zuckt Professor Baldini, als hätte er einen elektrischen Schlag erhalten, und beginnt zu dirigieren, wie eine beeindruckende, rührende Marionette.

Die Dantisten, die offensichtlich zuviel Whisky und Negroni getrunken haben, sind das Orchester: Der eine imitiert mit Gesten und Stimme eine Posaune, ein anderer eine Trommel, wiederum ein anderer ein Fagott. Auf der einen Seite einstimmig die Violinen, auf der anderen kühn die Bläser.

Vater, Sohn und der etwas deprimierte Rabe ziehen an diesem eher einzigartigen als seltenen Schauspiel vorbei, schüchtern beinahe, als fürchteten sie, sie könnten den Wagner-Exkurs der anwesenden Professoren stören. So marschieren sie unbemerkt auf die weiße Straße hinaus, und lassen den Garten und das dort stattfindende Tohuwabohu zurück, während sich Professor Baldini vor Verzückung im siebten Himmel wähnt.

Die drei gehen und gehen ihres Weges. Da übermannt den Raben plötzlich eine danteske Empörung:

RABE: Ach, Bürgertum – wie viele Millionen Weichlinge, Diener und Herren deiner Justiz, deiner Armee und deiner Kirche, kommen auf vier Männer mit süßem, verrücktem Bart und vier Damen mit armen, großzügigen Gesichtern voller Falten! Ach, Anarchie, freie Liebe zum Heiligen! Wie viele Schmutzfinken, die das Leben mit einem armseligen Gesellschaftsspiel verwechseln, kommen auf vier in Dante verliebte Märtyrer! Das Schöne dabei ist, daß das Leben dir recht gibt, und genau das wünschst du dir, daß es keinen Platz mehr gibt für etwas, das anders wäre. Du hast recht, und du wirst immer recht haben. Das Leben hat seine Farben! Die Farbe der Dürre, die Farbe der Gemeinheit, die Farbe der Angst, die Farbe der Ironie, die Farbe der Farblosigkeit! Und früher einmal gab es ein schönes Rot... Ach, Bürgertum, du hast die ganze Welt zu deinem Ebenbild gemacht; das bedeutet das Ende der Welt; aber das Ende der Welt wird auch dein Ende sein!

Während Totò versucht, den Worten des Raben so aufmerksam wie möglich zu folgen, ist Ninetto merkwürdig zerstreut und gelangweilt.

Aber plötzlich entdeckt er etwas Interessantes, und er kneift die Augen
zusammen, so daß nur mehr Schlitze zu sehen sind.
Im Hintergrund, hinter einem Schild mit der Aufschrift »Borghetto
Pezzentino« *(oder* »Puzze arcane«*), steht ein alter, kastenartiger,*
klappriger Autobus; dies hier ist seine trostlose Endstation.

NINETTO: Papa! Der Bus!

Und er legt einen Zahn zu. Sein Vater und der Rabe folgen ihm. Schließ-
lich beginnen die drei zu laufen, aus Angst, der Autobus könne ihnen
vor der Nase davonfahren. Beim Laufen hat Ninetto Gelegenheit, mit
seinem Vater zu sprechen, ohne vom Raben – der fliegt – gehört zu
werden.

NINETTO *(laufend)*: Is 'n anständiger Mensch, der Rabe, was Papa? Sah
gar nicht so aus... nichtsdestotrotz... *(er ist etwas außer Atem vom Lau-*
fen, aber wie immer unbeschwert und fröhlich) Hat recht, über die
Spaßvögel dort zu schimpfen... nur der mit'n Bart, der so gemacht hat *(er*
imitiert einen Dirigenten) ...aber der is wahrscheinlich selbst 'n halber
Rabe... Papa, beim ersten Streik in der Fabrik, geh' ich in die Villa zum
Inschönjör und bring' alle Hunde um! Damit er sich's merkt! Gehst mit,
Papa?

TOTÒ *(wutentbrannt)*: Und ob! Mit 'nem Maschinengewehr, ta-ta-ta-ta-
ta-ta! *(eine Maschinengewehrsalve, die ausreichen würde, alle Hunde*
dieser Welt umzubringen)

Und redend und laufend erreichen sie gerade noch rechtzeitig den
Autobus, der sich scheppernd und schnaufend in Richtung Rom in
Bewegung setzt.

Überblendung.

Straßen außerhalb der Peripherie
Außen. Tag

Der Autobus hält an der anderen Endstation, die sich genau im Süden Roms befindet. Düstere Wohntürme, die umsonst von der Sonne beschienen werden, ragen in den Himmel. Hie und da ein Hügel mit Gestrüpp und Abfall.
Vater, Sohn und der inzwischen etwas heilige Rabe steigen aus und finden eine städtische, merkwürdige Situation vor.
Überall stehen kleinere und größere Autobusse und Lieferwagen. Feierlich schwarz gekleidete Menschen steigen aus. Gruppenweise setzen sie sich dann in Bewegung.
Vater und Sohn folgen ihnen etwas verwirrt.

RABE *(kommt wieder schüchtern auf sein Anliegen zu sprechen)*: Wollt ihr mir also jetzt, wo wir in der Stadt sind, sagen, wohin ihr geht?

Vater und Sohn geben keine Antwort. Aber diesmal ist ihnen die Frage beinahe lästig, sie reagieren fast gereizt.

RABE *(insistiert verzweifelt)*: Also? Entschuldigt meine Neugier ... Aber inzwischen bin ich besessen von dem Gedanken ... ich muß wissen, wohin ihr geht *(er lacht sein bemühtes Lachen)*.

Totò sieht ihn an, worauf er fast traurig den Blick abwendet. Und auch Ninetto ist außergewöhnlich ernsthaft. Dann wechseln Vater und Sohn einen Blick, als würden sie sich gegenseitig zu einem melancholischen Schweigen auffordern.
Und so verlieren sich die drei inmitten der feierlich schwarz gekleideten Menschen, die in Richtung des römischen Zentrums gehen.

Straßen in Rom
Außen. Tag

Ganz Rom ist auf den Beinen, die Straßen der Stadt, von der Via delle Botteghe Oscure über den Corso und die Piazza Venezia, bis ins Viertel

San Lorenzo, sind dicht bevölkert. Die Leute sind stumm und tragen Trauer, mit Tränen in den Augen.
Die Musik, die bereits die Höhepunkte unseres Vogel-Buches untermalt hat, die »Johannes-Passion«, ist zu hören, nur lauter.
Hunderttausende Menschen stehen auf den Gehsteigen, den Plätzen, den Balkons: Hunderttausende Menschen ziehen langsam, in einer endlosen Prozession, durch die Stadt. Arbeiter und Bürger, kleine Leute und Intellektuelle. Sie empfinden alle dasselbe Gefühl der Trauer und der Kraft. Wir befinden uns beim Begräbnis Togliattis.
Unsere Erzählung verliert sich, verschwindet beinahe in dieser Sequenz, in Aufnahmen von diesem Begräbnis, das so ungeheuer ist wie ein Krieg oder das Jüngste Gericht.
Drei, vier, fünf Minuten: eine Erzählung in der Erzählung. Eine Erzählung jedoch, in der sich dokumentierte Wirklichkeit und geheimnisvolle Poesie vermischen: Politik und Tod, vereint durch eine feierliche, düstere, unendliche Gewalt.

Straßen außerhalb der Peripherie
Außen. Tag

Die drei haben Rom hinter sich gelassen und setzen ihren einsamen Weg fort, auf einer der vielen weißen Straßen zwischen Himmel und Erde.
Am Straßenrand, neben einem Bordstein, sitzt ein schönes Mädchen, das ein geblümtes Kleid und ein Wolljäckchen trägt. Ihr zu Füßen sitzt ein kleiner Junge, der so hellhaarig wie ein Kätzchen ist, brav und gehorsam, als ob die Frau seine Mutter wäre. Sie ist aber nicht seine Mutter, sondern eine Hure. Ihre Brust ist zur Hälfte unbedeckt, schamlos wie die einer Mutter.
Der kleine Junge hat sein Fahrrad neben sich stehen, das überall, am Sattel und auf der Lenkstange, mit bunten Bändern geschmückt ist, und an dem eine Motorradhupe und ein kleines Flugzeug befestigt sind. Der brave Junge spielt mit der Fahrradklingel, und das Klingeln ist das einzige Geräusch in der friedlichen Stille der Felder.
Klingeln der Fahrradklingel.
Die Frau geht ganz in einem fröhlichen und melancholischen Schweigen auf, sie wartet: ein Kind noch und dennoch alt wie die Natur.

Totò und Ninetto betrachten sie, ohne vom jeweils anderen zu wissen.
Ein süßer Aufruhr der Sinne am späten Nachmittag dieses schönen
Sommertags: Sie betrachten die unordentlichen Haare des Mädchens,
die fast noch die eines kleinen Kindes sind, das finstere und unschuldige
Gesicht, die Hände, die die Knie umschließen, und die Brüste, die wei-
ßen, schamlosen Brüste.
Die Klingel klingelt.
Was hält Ninetto davon ab, zu sagen, was er sich denkt?

NINETTO: Was tust du?
MÄDCHEN *(meint sie es ernst oder will sie sich über die beiden lustig
machen?)*: Seh' den Schwalben zu.

Vater und Sohn gehen weiter. Aber dann drehen sie sich noch einmal
um, um sie anzusehen. Und wieder einmal kann Ninetto sich nicht
zurückhalten:

NINETTO: He, wie heißt du?
MÄDCHEN: Luna.

Im Hintergrund, hinter ein paar lieblichen Akaziensträuchern, macht
die Straße eine Kurve. Hinter diesen Sträuchern verschwinden Vater,
Sohn und Rabe und lassen Luna mit ihrem kleinen Freund zurück.
Das Klingeln wird immer leiser.
Eine Zeitlang gehen die drei schweigend dahin. Totò ist ganz in Gedan-
ken versunken: Er überlegt und überlegt, bis er schließlich, wie neben-
bei und beinahe weltmännisch sagt, damit seine Lüge glaubhafter
klingt:

TOTÒ: Wo gibt's denn so was? Schon wieder? Was hab' ich gegessen...
mich zwickt der Bauch... tut fast weh, aua... Tja, nix zu machen, ich
muß mal... Entschuldigt 'nen Augenblick...

Und ohne auf die Erlaubnis zu warten, springt er über den Straßenrand
und verschwindet zwischen den Akazien, gefolgt vom ahnungsvollen
Blick Ninettos. Und kaum ist er hinter den Akazien, läuft er so schnell
wie möglich über die Wiese, zu der Stelle, wo das Mädchen sitzt und
wartet.

TOTÒ: He du, schwarze Katz!

*Das Mädchen dreht sich um, und Totò macht ihr wie ein kleiner Junge
ein Zeichen, ihm zu folgen.
Sie steht auf: Obwohl sie etwas kurze Beine hat, ist sie ein schönes Mädchen. Sie läuft vom Straßenrand ins Gras hinunter, und nähert sich,
schon beinahe halbnackt, dem Kunden, gefolgt vom unschuldigen
Blick des kleinen hellhaarigen Jungen.*

TOTÒ: Also, Luna, wohin?
MÄDCHEN: Da runter... Da is 'n schöner Platz, wo's Gras frisch gemäht
is... Riechen tut's dort, unglaublich...

*Sie gehen davon, durch ein liebliches Wäldchen, durch das wild
wuchernde hochsommerliche Gras. Und während sie davongehen, hört
man ihren immer leiser werdenden Dialog:*

MÄDCHEN *(mit kindlichem Ernst)*: Was hast' gegessen heut mittag?
TOTÒ: Tja... nix.
MÄDCHEN: Ich war bei meiner Schwester... *(mit stiller Genugtuung)*
Fleisch mit Spinat aus der Pfanne... *(sie atmet tief ein, unschuldig)* Na
was sag' ich, riech mal...

Und danach verschwinden sie.

Überblendung.

**Straßen außerhalb der Peripherie
Außen. Tag**

*Nach einer Weile taucht Herr Totò wieder aus dem Gebüsch auf und
nähert sich mit großen Schritten der Straße, wo Ninetto und der Rabe
auf ihn warten, während das Mädchen hinter ihm ruhig und gelassen
zu ihrem Platz neben dem Bordstein zurückkehrt.
Ninetto und der Rabe warten, verlegen schweigend: Und Herr Totò
will sofort weitergehen, in aufrichtiger Eile.*

TOTÒ: Ah, jetzt is mir leichter... Los, weiter!

Ninetto sieht ihn scheel an: Plötzlich verzieht er das Gesicht, hält sich mit beiden Händen den Bauch und krümmt sich, winselnd vor Schmerzen.

NINETTO: Au weh, au weh! Hab' 'nen Krampf im Darm... Müssen was gegessen haben, Papa, das wir nicht vertragen! Au, ich halt's nicht aus, kann nicht mehr... Wart 'nen Augenblick, bin gleich wieder da...

Und er springt über den Straßenrand und verschwindet zwischen den lieblichen Akazien...

TOTÒ *(versucht, ihn zurückzuhalten)*: Wohin läufst du, Trottel, bleib da...

Aber Ninetto läuft schon wie ein Böckchen über das hohe Gras, durch das Schilf und das sommerliche Laub.
Sobald er das Mädchen erreicht hat, ruft er sie; sie macht gerade einen Strumpfhalter fest, wobei sie vor dem braven hellhaarigen Jungen das Bein entblößt, der es ernsthaft betrachtet, die Ellbogen auf die Knie gestützt und das kleine Gesicht in den Händen.

NINETTO: He... He... *(etwas verschämt)* Bin der Sohn...

Und er bleibt schüchtern stehen, als hätte er sich die Zunge verbrannt an diesem Satz, der ihm fast gegen seinen Willen entschlüpft ist: Und er lacht spitzbübisch, um seine Schüchternheit zu verbergen.

MÄDCHEN: Dacht' ich mir...

Und sie läuft aufs neue leichtfüßig vom Straßenrand hinunter in die Wiese.

MÄDCHEN: 'n Gesicht haste wie 'n Ministrant...
NINETTO: Bin aber keiner... *(plötzlich reißt er die Augen auf)* Sapperlot, hast du schöne Titten... »Affacciate-Mari-che-l'aria-è-doce« is nix gegen dich!
MÄDCHEN: Wer?
NINETTO: Das is eine, zu der ich mit mein' Freunden geh... is aber nicht mehr die Jüngste... hat sooo 'nen Bauch... 'n dürres und 'n dickes Bein... und keine Nase... die Nase sieht man nicht, die Augen und 'n Mund aber schon...

Das Mädchen, glücklich darüber, jung und schön zu sein, lacht ausgelassen bei der Vorstellung ihrer alten Kollegin, und Ninetto, zufrieden, sie zum Lachen gebracht zu haben, lacht ebenfalls, etwas dümmlich. So verschwinden sie lachend hinter den Zweigen der Akazien.

Straßen außerhalb der Peripherie
Außen. Tag

Totò sitzt verdrossen auf einem Bordstein und wartet, wobei er sich mit dem Stück einer alten Postkarte Luft zufächelt.
Er sieht dem Raben zu, der auf und ab geht, um sich die Zeit zu vertreiben.

TOTÒ *(aggressiv und wortkarg aus schlechtem Gewissen)*: Also? Alles klar, Doktor?
RABE: Ach, in solche Sachen mische ich mich nicht ein, lieber Freund. *(Er kichert)*. Ich bin ja ohnehin für die freie Liebe, damit wir uns nicht mißverstehen... Wenn ich mich also unbedingt dazu äußern müßte, würde ich sagen: »Ihr habt recht, geht so oft zu einer Hure, wie ihr wollt!«
TOTÒ *(entsetzt)*: Was? Ihr seid dafür?
RABE: Heuchler, jetzt spielt Ihr auch noch den Moralisten *(lacht)*.
TOTÒ: Na ja, sicher... hin und wieder passiert's halt, auch mir... aber wenn einer 'ne Frau hat, is aus mit 'n Weibern, der Freiheit... Sonst: Adjö Familie!
RABE: Na und? Adieu Familie! Warum auch nicht? Was ist denn die Familie, alles hat ein Ende, auch die Familie wird ein Ende haben... In den reichen Gesellschaften gibt es sie schon nicht mehr, sie hat keine Daseinsberechtigung mehr... *(lacht)* Ich muß vor allem anarchistisch sein, also gegen Gott, Vaterland und Familie...
TOTÒ: Gott... Vaterland... von mir aus... aber nicht die Familie... Ich versteh' nix davon, aber immerhin...
RABE *(etwas melancholisch)*: Ach, ich stehe außerhalb des Lebens! Ich gehe nicht seelenruhig und unschuldig zu einer Hure wie ihr... Deshalb habe ich die Pflicht, das Leben stets kompromißlos zu beurteilen! *(er lacht sein armseliges sokratisches Lachen)* Um den Preis, stets in der Schußlinie zu stehen!

Jetzt kommt Ninetto. Sein Vater wirft ihm von unten her einen Blick zu, schweigend.

TOTÒ *(nachdem er schweigend den Kopf geschüttelt hat)*: Paß auf, was du ißt... wenn du's nicht verträgst!

Und er steht auf und setzt seinen Weg fort. Ninetto geht treu an seiner Seite, und die Kamera folgt ihnen von hinten, wie sie die weiße Straße entlangmarschieren, in der Sonne des späten Nachmittags.

Straßen außerhalb der Peripherie
Außen. Tag

Offenbar ist es wieder Mittag. Das weite, flache Land liegt im gleißenden Sonnenlicht da, weiß vor Staub.
Die beiden durchqueren eine vor kurzem trockengelegte Ebene: Und die flachen Felder reichen, soweit das Auge reicht, bis zum Horizont. Links, hinter einem Maschendrahtzaun, der ebenfalls weiß ist vor Staub, und einem Eisenbeton-Kanal, liegt ein ebenfalls riesiger Flughafen. Hin und wieder sieht man in der Ferne ein Flugzeug, das dröhnend startet oder landet.
Die drei gehen und gehen im kalkweißen Sonnenlicht.
Der Rabe hat noch immer nicht aufgehört zu reden, ganz im Gegenteil, er scheint erst jetzt, wo seine beiden Weggenossen langsam müde werden, so richtig in Schwung zu kommen.

RABE *(kündigt seine Worte mit einem kleinen Lachen an, irgend etwas belustigt ihn insgeheim, auf geheimnisvolle Weise)*: Apropos Huren, da fällt mir eine komische Geschichte ein. Eines Tages fragte ein Journalist – wahrscheinlich einer der üblichen moralinsauren Fanatiker – Fidel Castro, warum sich in Havanna noch immer so viele leichte Mädchen herumtrieben, ob sich das mit der sozialistischen Gesellschaft in Einklang bringen ließe, und was er zu tun gedenke, um diesen Mißstand zu beheben. »Nichts«, antwortete Castro, »die Frauen müssen von selbst verschwinden: Und das wird der Fall sein, sobald sich die Gesellschaft wirklich verändert hat.«

Jetzt beginnt der Rabe ein wenig wirr daherzureden, Selbstgespräche zu führen; er läuft Gefahr, den Kontakt zur »geheimnisvollen Basis« zu verlieren, die neben ihm geht, sich langweilt und an etwas anderes denkt. Wohin gehen sie?

RABE: Gibt es Kuba wirklich? Gibt es Frankreich? Oder gibt es sie langsam nicht mehr? Und wenn die Nationen sterben, sterben dann nicht auch die nach ihnen benannten Straßen? Oder waren sie schon immer Heuchelei? Wo also liegt die internationale Straße zum Sozialismus? Wenn wir diese Frage nicht beantworten können, heißt das, daß sich der Marxismus in einer Krise befindet? Und was soll ein Marxist tun, wenn sich der Marxismus in der Krise befindet?

Schild mit der Aufschrift:

»Die Lehrmeister sind dazu da, in scharfer Soße gegessen zu werden.«
Giorgio Pasquali

Straßen außerhalb der Peripherie
Außen. Tag

Der Rabe redet noch immer, aber inzwischen gibt er nur mehr ein etwas wirres, pathetisches und auch etwas langweiliges Geplapper von sich, das im Hintergrund zu hören ist, wie eine Begleitmusik. Wenn man genau zuhört, ist es eine logische Rede, wenn man abgelenkt ist, ist es nur leeres Gefasel. Und es ist schwierig, sich nicht ablenken zu lassen, denn... während der Rabe unaufhaltsam redet und redet, ohne daß der Ärmste bemerken würde, was für eine lächerliche Figur er abgibt, entwickelt sich zwischen Totò und Ninetto ein langer schweigender Dialog.

RABE *(im Hintergrund, fast zu sich selbst, ohne jedoch seinen schüchternen didaktischen Anspruch aufzugeben)*: Ein Gespenst geht um in Europa, und zwar die Krise des Marxismus. Dennoch müssen wir um jeden Preis zum Weg der Revolution zurückfinden, denn der Marxismus stellt sich heute mehr denn je als einzige mögliche Rettung des Menschen dar. Er rettet die Vergangenheit des Menschen, ohne die es keine Zukunft gibt. Der Kapitalismus behauptet, er wolle die Vergangenheit retten, in Wirklichkeit zerstört er sie: Er bewahrt die Dinge wie im Museum auf, auf dumme und zerstörerische Weise. Aber da im Inneren des Kapitalismus eine Revolution stattgefunden hat, ist er inzwischen so stark, daß er sich erlauben kann, auf die Vergangenheit zu pfeifen. Er kann sich erlauben zu ignorieren, was ihm früher als Vorwand galt: Gott, Vaterland etc. Die Reaktionäre präsentieren sich heute als junge Partei der Zukunft, die uns eine glückliche Welt der Maschinen vorgaukelt, voller Freizeit, in der man die Vergangenheit vergessen kann. Die kommunistische Revolution hingegen will die Vergangenheit, beziehungsweise den Menschen retten: Sie kann nichts anderes versprechen, als den Menschen zu bewahren. Dichter aus der Tschechoslowakei, aus Polen! Dichter aus Ungarn! Dichter aus Jugoslawien und der Sowjetunion! Gebt eure Regierungen der Lächerlichkeit preis, macht euch zu Märtyrern, damit die Revolution kein Ende nimmt, die Macht sich dezentralisiert, bis das höchste Ziel, die Anarchie, erreicht ist, damit der Mensch sich erneuert infolge einer ständigen Revolution, damit auf immer und ewig die roten Nelken der Hoffnung blühen!

Und während der Rabe im Hintergrund seine Tirade hält, spielt sich zwischen Totò und seinem Sohn folgende Szene ab: Totò versucht, die Aufmerksamkeit Ninettos zu erwecken, ohne daß ihn dabei der Rabe sieht. Aber Ninetto, dieser Hurensohn, achtet gar nicht auf ihn, sondern gähnt, wobei er sich fast den Kiefer ausrenkt. Totò versucht es noch einmal, er versucht sogar, leise zu pfeifen. Keine Reaktion von Ninetto.
Schließlich sehen sich Vater und Sohn zufällig an: Was für ein Blick! Und Totò nutzt sofort die Gelegenheit, um folgende merkwürdige Geste zu machen: Er bleckt die Zähne, worauf er den Mund wütend schließt und dem Raben einen scheelen Blick zuwirft.
Ninetto glaubt, sein Vater wolle sich damit heimlich über den Raben lustig machen, und beginnt zu lachen, zwinkert, verzieht den Mund in Richtung des Raben, als wolle er sagen: »Was für ein Langweiler«.
Aber sein Vater macht eine Geste, die »nein, nein« bedeutet: Und er hört nicht auf: Er klappt den Mund noch zwei-, dreimal auf und zu, als würde er jemanden beißen, und dabei gibt er Ninetto zu verstehen, daß es sich um einen ernstgemeinten Vorschlag handelt.
Ninetto begreift jedoch nicht und macht eine Geste, als wolle er sagen: »Versteh' nicht. Was willst du?«

Der Vater macht noch einmal die geheimnisvolle Geste mit dem Mund und zeigt dabei mit dem Kinn auf den Raben, der redet und redet. Ninetto begreift noch immer nicht: Er legt die Fingerspitzen der rechten Hand zusammen und bewegt sie unter dem Kinn auf und ab, fragend. Also beschließt Totò, der auf seinen begriffsstutzigen Sohn schon wütend ist, zu sprechen:

TOTÒ *(zum Raben)*: Gestatten, Meister? Hab' was zu reden mit dem Trottel da!

Er packt seinen Sohn am Arm und zieht ihn weg; darauf:

TOTÒ: Hör zu, ich ess' ihn!
NINETTO: Was?
TOTÒ *(legt eine Hand wie einen Trichter vor dem Mund, mit Nachdruck)*: Wir es-sen i-ihn! Sonst tut's ein anderer! Taugt sowieso nix, ich glaub' sogar, er spinnt!
NINETTO *(ist sofort dabei, mit leuchtenden Augen)*: Ja, ja... hast recht... Geht mir sowieso schon aufn' Wecker! Überall die Nase reinstecken! Damit er sich's merkt! Und wie essen wir ihn?
TOTÒ: Wie die alten Römer, die Schalen spucken wir aus, und die Feigen essen wir!

Er nähert sich freundlich dem Raben, pfeifend und sich streckend und reckend, vergnügt...

TOTÒ: So was! Heee!
RABE *(naiv, ohne zu ahnen, was ihm bevorsteht)*: Wollt ihr mir also endlich sagen, wohin ihr geht? Wohin und...

Totò beugt sich schnell über ihn und packt ihn.

TOTÒ: Mmmm...

Überblendung.

Straßen außerhalb der Peripherie
Außen. Tag

Etwas später. Im Staub der weißen Straße liegen die Reste des Raben:
ein paar Federn, die Krallen, der Schnabel... Etwas weiter hinten sieht
man ein Feuer, das am Verlöschen ist: Asche und ein paar Knöchelchen.
Vater und Sohn sind schon wieder unterwegs, die Kamera folgt ihnen
von hinten: Sie gehen ihres Weges, auf der weißen Straße zwischen Erde
und Himmel. Sie gehen und gehen, entfernen sich immer mehr und wer-
den immer kleiner, da unten, im Sonnenlicht, wie in einem Film von
Chaplin. Nichts ist zu hören außer dem mächtigen Dröhnen eines Flug-
zeugs...

ENDE

GROSSE VÖGEL, KLEINE VÖGEL.
DIE PROSAENTWÜRFE

L'aigle
[Der Adler]

Als Motto könnten wir vielleicht einen Ausspruch Maos voranstellen, der in einem Interview ungefähr folgendes sagte: »Frankreich? Was will Frankreich von uns? Gehört es vielleicht zur Dritten Welt, zu den Völkern, die Hunger leiden? Nun, wenn das so ist, nehmen wir seine Freundschaft gerne an...«

Der Geschichte zugrunde liegt die Kritik an der Krise des westlichen Liberalismus und insbesondere des Pariser Rationalismus.

M. Cournot ist Dompteur in einem berühmten französischen Zirkus, der in Rom Station macht. Er gibt italienischen Journalisten, die er natürlich (und vielleicht nicht zu Unrecht...) verachtet, ein Interview: Was kündigt er an? Ein sensationelles Unterfangen: die Zähmung eines Adlers.

Und da ist der Adler, noch stumm und ungezähmt; er sitzt in einem Winkel des Zirkus, der aussieht wie ein Pantheon: Ringsherum hängen, in der Reihenfolge ihrer Bedeutung, die Bilder der »großen« Franzosen: Sartre und Mauriac, Claudel und Camus. An einer großen Wand gegenüber dem Adler das Bild von De Gaulle.

M. Cournot hat eine Frau, eine Art Pariser Monica Vitti, freidenkerisch, intellektuell etc. und einen kleinen Diener, Ninetto, Sohn von Giando und Maria, der in der Vorstadt Prenestino wohnt.

Und so beginnen im Grand Cirque de France eine Reihe außergewöhnlicher Tage. M. Cournot wendet bei der Erziehung der Tiere eine ganz besondere Taktik an. Aus pädagogischen Erwägungen tut er erst einmal so, als ob nichts wäre. Er beschränkt sich darauf, in ihrer Anwesenheit (der Adler sitzt nach wie vor da) seine gute Erziehung an den Tag zu legen: er ißt, raucht, liest Zeitung. Ninetto ist das Versuchskaninchen, seine Frau die Assistentin. Dann wendet er sich ganz langsam, als ob nichts wäre, an das Tier, sehr höflich und sehr taktvoll, wobei er dessen Zustand der

Die folgenden drei treatments – Vorformen für das spätere Drehbuch – veröffentlichte Pier Paolo Pasolini im kommunistischen Wochenblatt Vie Nuove vom 29. April, 6. und 13. Mai 1965; sowohl einige Episoden wie Namen wurden vom Autor später verändert. Siehe auch das Nachwort von Peter Kammerer.

Animalität höflich ignoriert. Kurz und gut, er führt dem Tier den Pariser Menschen als Modell vor (er kommt gar nicht auf den Gedanken, daß es auch noch andere Modelle gibt).

So beginnt er, im Pantheon der isokephalen Größen, dem Adler Anschauungsunterricht in bürgerlichem Verhalten zu geben.

Auge in Auge mit dem Adler. Zwei große gegensätzliche Lebensentwürfe stehen einander gegenüber.

Der Adler schweigt, M. Cournot spricht perfekt.

Der Adler schweigt noch immer, und M. Cournot verliert langsam die Geduld.

Der Adler scheint sein Schweigen nicht brechen zu wollen, und M. Cournot beginnt sich den Schweiß abzuwischen und sich um seine Würde Gedanken zu machen (einerseits seine Frau, andererseits das italienische Tierchen, Nino aus Prenestino).

Der Adler schert sich keinen Deut um ihn (Ninettos Formulierung), und M. Cournot ist der Verzweiflung nahe.

Der Adler scheint in unergründliche Träume versunken, und M. Cournot explodiert: »Antworte wenigstens! Sag ein Wort! Was du denkst, was du tust!« Und es folgt eine Flut wütender Schimpfwörter und Vorwürfe, die eines Mitglieds der Académie française würdig wären, vorgebracht im Ton einer eleganten Wut, die eines … [Auslassung von Pasolini] würdig wäre: Er kann dieses Schweigen, diese Verweigerung jeglichen Gefühls und jeglichen Gedankens nicht verstehen, diese Abwesenheit, diese moralische Taubheit, diese Gleichgültigkeit der Wirklichkeit gegenüber, diese wahnsinnige Introvertiertheit, diese IRRATIONALITÄT.

Aber der Adler schweigt.

Er schweigt, gefangen in seinen eigenen, unversehrten Wünschen.

Er schweigt.

Da setzt M. Cournot ein extremes pädagogisches Mittel ein. Er läßt alle gezähmten Tiere in ihren Käfigen ins Pantheon tragen. Einen Mali-Löwen, eine Guinea-Schlange, einen Vietnam-Tiger (der Algerien-Käfig ist leer; M. Cournot räuspert sich, hm hm) etc. Sieht er das, der Adler? Alle Tiere der Dritten Welt (und dazu gehört auch Ninetto aus Prenestino) sprechen, sprechen wohlerzogen, bürgerlich: Der Tiger zum Beispiel sagt nicht: »Ich habe Hunger«, sondern: »Ich habe ein wenig Appetit«.

Aber der Adler schweigt.

»Nein, nein, nein, du mußt eine Beziehung zu mir aufnehmen, und diese Beziehung *muß* eine dialektische Beziehung sein!« schreit M. Cournot außer sich, kurz vor einem Herzinfarkt: Und er taumelt auch tatsächlich, schwankt und sinkt zu Boden, wo ihn seine Frau, die den Adler mit Beschimpfungen überschüttet (mit französischen, sehr klischeehaften:

Merde, enfin!), und Ninetto auffangen, der den Adler gutmütig anspricht, in seinem Dialekt, womit er augenblicklich eine Komplizenschaft »zwischen armen Schluckern« herstellt, und versucht, ihn zum Reden zu bewegen (»Los! Reiß dich zusammen!«):

Während M. Cournot halbtot am Boden liegt, ertönt eine schrille und kräftige Stimme: »Wollt ihr wirklich wissen, was ich tu'?« Alle sehen den Adler an, der beschlossen hat zu sprechen. »ICH BETE!«

M. Cournot ist von dieser Offenbarung zutiefst bewegt.

Und so beginnt die zweite Phase der »dialektischen« Annäherung an den Adler. M. Cournot beginnt, ihm religiöse Texte vorzulesen. Pascal: nein, sieht aus, als würde es mit Pascal nicht funktionieren... Vielleicht ein moderner, auf seine Weise religiöser Autor... Rimbaud... Und schließlich PACEM IN TERRIS... Während M. Cournot dem Tier vorliest, wobei er versucht, seine Ruhe und seine pädagogische Liebenswürdigkeit beizubehalten, obwohl er sich hin und wieder nicht zurückhalten kann über die »skandalös dialektische Beziehung« des Tiers zur Vernunft, passiert etwas Merkwürdiges, das Ninettos aufmerksamem Blick nicht entgeht.

Damit wollen wir sagen, daß M. Cournot hin und wieder den Blick nicht mehr vom Adler abwenden kann, ihn wie in einer Art TRANCE anstarrt: EBENFALLS STUMM.

Doch damit nicht genug: M. Cournot blickt nicht nur mitten in einem Satz von Pascal oder der Enzyklika mechanisch auf und starrt verzückt auf den Adler, sondern übernimmt außerdem ein paar Augenblicke, ohne es zu bemerken, dessen Haltung, um nicht zu sagen, dessen Ausdruck.

Diese Momente, die flüchtig und kurz und beinahe nicht wahrzunehmen sind für jemanden, der nicht Ninettos subproletarischen Blick besitzt, werden immer häufiger und länger. Und so verwundert es schließlich nicht, daß der Adler und M. Cournot einander gegenüber hocken, schweigend, mit ein und demselben Ausdruck, denselben Gesten...

Was denkt M. Cournot in diesen langen Pausen regressiven Schweigens? Eines schönen Tages läuft er plötzlich aus dem Pantheon hinaus, und seine Frau, die ihm gegenüber inzwischen dieselbe Verachtung an den Tag legt wie gegenüber Tieren, Verrückten und Armen, versucht ihn umsonst zurückzuhalten: M. Cournot hört sie gar nicht, er läuft stumm davon. Nur Ninetto, der Arme, folgt ihm, besorgt und mitleidig (obwohl er hin und wieder lachen muß).

M. Cournot besteigt einen Zug, und Ninetto folgt ihm. Der Zug fährt ab: M. Cournot wird von einem heftigen Drang übermannt und klettert auf das Dach des Zuges, wo er sich hinhockt, mit dem abwesenden Gesichtsausdruck des Adlers. Der Zug nähert sich dem Gran Sasso. M. Cournot steigt aus, und Ninetto, deprimiert und heiser vom Schreien, folgt ihm, wobei er in seinem römischen Dialekt über den Wahnsinn des Prinzipals schimpft. Mitten in einem Tal unter schneebedeckten Gipfeln konzentriert sich M. Cournot einen Augenblick, dann schwingt er sich in die Lüfte, steigt zum blauen Himmel auf.

Zum Adler geworden, gleitet er empor zu den hohen Gipfeln, während Ninetto unten im Tal, immer kleiner werdend, umsonst brüllt: »Missjö Cournot, wohin wollt ihr? Missjö Cournot, was soll das? Was soll das?«

P. S. – Wir haben ein Detail vergessen (aufgrund der Eile, mit der wir diese Geschichte niedergeschrieben haben, für Wohnungsvermieter und Kaufleute, und die deshalb in einem leicht verständlichen, konventionellen und etwas gewöhnlichen Stil abgefaßt ist: der sich ergibt, wenn man für drei Seiten nicht länger als eine halbe Stunde brauchen darf.) Das Detail ist folgendes: M. Cournot hat eine Menge Ticks: gesellschaftlich bedingte (Ticks also, die für die Franzosen typisch sind, wie zum Beispiel das ausdrucksstarke Maulfürzchen, das sie mitten im Reden machen, etc. etc.) und individuelle (ein halbes Dutzend, darunter die komischsten und beunruhigendsten): Wie dem auch sei, diese Ticks verschwinden, je mehr M. Cournot zum irrationalen Zustand des Adlers regrediert.

Faucons et moineaux
[Falken und Spatzen]

Im Augenblick haben wir den Satz aus dem berühmten Mao-Interview nicht präsent, in dem es um die Probleme der Kirche beziehungsweise der Kirchen angesichts des Klassenkampfes geht: Wir glauben jedoch, daß es nicht schwierig ist, ihn wiederzugeben, wenn auch nur als Anspielung oder Metapher. Denn genau um die Probleme der Kirche angesichts des Klassenkampfes geht es in unserer Fabel, wenn auch auf etwas archaische Weise.

Es ist allgemein bekannt, daß der hl. Franziskus mit den Vögeln gesprochen hat, erfolgreich, wie es scheint.

Der hl. Franziskus befindet sich also mit ein paar Mönchen, darunter Bruder Marcello und der Novize Bruder Ninetto, direkt unterhalb des Porziuncola-Wäldchens, in der Nähe von Assisi, wo er der Überlieferung nach den Vögeln gepredigt hat. Er meditiert. Lange natürlich, während die

Stille ringsherum nur von fröhlichem Vogelgezwitscher aufgelockert wird. Dann hebt er den Blick und heftet ihn auf Bruder Marcello und Bruder Ninetto: um ihnen sanft, aber unerbittlich – stur, wie Heilige nun mal sind – den Auftrag zu erteilen, die Bekehrung der Vögel fortzusetzen. Wobei sie mit zwei sehr unterschiedlichen Vogelarten beginnen sollen, etwa den starken und anmaßenden Falken und den schutzlosen und sanften Spatzen.

Leichter gesagt als getan! Bruder Marcello und Bruder Ninetto sind ja keine Heiligen, die sich mit den Vögeln auf italienisch unterhalten können und von diesen verstanden werden. Ganz im Gegenteil, um mit den Vögeln zu reden, müssen sie die Vogelsprache erlernen. Und man hat noch nie gehört, daß einem Menschen ein solches Unterfangen geglückt wäre. Ist man zudem nicht als Heiliger zur Welt gekommen, muß man versuchen, mit den spärlichen Mitteln, die einem zur Verfügung stehen, einer zu werden. Bruder Ninetto ist ein kleiner Dummkopf, der nichts anderes kann als Litaneien singen und um Almosen betteln: Außerdem ist er noch ein kleiner Junge. Aber Bruder Marcello ist erwachsen, trägt große Schuhe und ist gewitzt. Er hat zwar nicht studiert, in seiner Heimat, der Ciociara, hätte er jedoch studiert, dann wäre er, dickköpfig und gewitzt wie er ist, vielleicht ein Wissenschaftler geworden, vielleicht nur ein ganz unbedeutender, aber immerhin ein Wissenschaftler.

Mit gleichzeitig franziskanischer und wissenschaftlicher Geduld durchquert er Assisi und läuft zur Burg hinauf, wobei ihm der kleine Dummkopf Ninetto auf den Fersen folgt. Dort oben kreischen die Falken.

Bruder Marcello und Bruder Ninetto lassen sich unterhalb der Mauer nieder, und Bruder Marcello beginnt mit seinen Beobachtungen. Der Sommer geht vorbei, es wird Winter und schließlich wieder Sommer. Bruder Marcello ist bereit. Er tritt an den Rand eines steilen Abhangs, bekreuzigt sich, konzentriert sich und beginnt zu kreischen, zu kreischen. Ninetto tut es ihm nach, wie ein kleines Äffchen: Er muß lachen, aber er beherrscht sich und unterstützt hingebungsvoll seinen Chef. Zuerst begreifen die Falken nicht, dann bemerken sie langsam, was sich da unten tut, und beginnen ebenfalls zu kreischen, auf die Rufe zu antworten. Kurz und gut, der Himmel über Assisi ist erfüllt von Kreischen. (Für die Zuschauer werden die Dialoge auf der Leinwand durch Untertitel übersetzt, Anm. d. A.) Die Falken, die guten Willens sind, versammeln sich ringsherum, und Bruder Marcello beginnt, sie zu bekehren.

FONDU.

Die Falken sind bekehrt, sie kennen jetzt das Wort Gottes und gehören, so gut es ihnen als Falken möglich ist, der großen Familie der römisch-katholisch-apostolischen Kirche an. Alle sind mit dem Erfolg zufrieden. Bruder

Marcello und Bruder Ninetto denken schon an den zweiten Teil ihrer Mission: an die Spatzen.

Die Spatzen sind nicht schwer zu finden, man braucht nur auf der Straße zu gehen, schon sind sie da.

Die beiden Mönche laufen von der Burg hinunter und gelangen auf die Piazza vor der Kirche des hl. Franziskus (das ist ganz offensichtlich ein Anachronismus, aber in einer Fabel spielt das keine Rolle, Anm. d. A.), auf der fröhliche und hungrige Spatzen herumhüpfen. Bruder Marcello beginnt mit seinen Beobachtungen. Der Sommer geht vorbei, es wird Winter und wiederum Sommer. Und Bruder Marcello hat noch nichts verstanden. Er hat zwar gelernt, in allen Tonlagen zu zwitschern. Er zwitschert, aber das läßt die Spatzen kalt. Auch Ninetto zwitschert, sehr gekonnt und anmutig. Keine Reaktion von den Spatzen. Sie hüpfen weiter, tick tick tick, tack tack tack, und kümmern sich um nichts.

Wie so oft, kommt der Zufall der Wissenschaft zu Hilfe. Und die Unschuld ist der Motor des Zufalls. Ninetto wird plötzlich übermütig und beginnt, jung und dumm wie er ist, zu hüpfen wie die Spatzen. Und Bruder Marcello ist wie vom Blitz getroffen angesichts der Offenbarung. Das ist es! Die Spatzen zwitschern nicht, um zu reden, sondern sie hüpfen! Aber ja doch! Ihre Sprünge sind regelmäßig, tick, tick, tick, tick. Man muß ihren Rhythmus studieren (eine Art Morse-Alphabet also, Anm. d. A.). Und nach einigen Wochen hat Bruder Marcello die rhythmische Sprache der Spatzen begriffen.

Er geht mitten auf den Platz, bekreuzigt sich, konzentriert sich, und beginnt, seine Predigt zu hüpfen: tick tick, tack tack tack. Und Ninetto hinter ihm macht es ihm nach wie ein kleines Äffchen oder wie jemand, der nicht tanzen kann und neue Tanzschritte einübt. Tick tick tick, tack tack tack. Ein paar Spatzen verstehen, was gemeint ist, und kommen näher.

Tick tick tick, sagen sie hüpfend, was bedeutet: »Was wollt ihr?« Tick tick tack, tack, tick, tick, antwortet hüpfend Bruder Marcello, was bedeutet: »Euch die Frohe Botschaft bringen.« Zahlreiche Spatzen, die guten Willens sind, versammeln sich ringsherum und werden durch einen vielleicht etwas komischen, jedoch sehr aufrichtig gemeinten Tanz bekehrt, der dem Herrn gewiß zur Freude gereicht.

FONDU.

Nun sind auch die Spatzen bekehrt, kennen das Wort Gottes und gehören, so sehr es ihnen als Spatzen möglich ist, der großen Familie der Kirche an. Höchst zufrieden verlassen Bruder Marcello und Bruder Ninetto Assisi und suchen in ganz Umbrien den hl. Franziskus, um ihm von ihrem großen Erfolg zu erzählen.

Sie wandern durch schöne Wäldchen, zwischen Bächen und Burgen, und aus lauter Fröhlichkeit erfindet Bruder Marcello, der kein eleganter Umbrier ist, sondern ein etwas komischer Bauerntölpel aus der Ciociara, mehr schlecht als recht ein Gebet an den Herrn, wobei er sich darauf beschränkt, zu beschreiben, was er ringsherum sieht, als wäre es das Antlitz Gottes – und wenn er etwas sieht, was er besser nicht sehen sollte, einen Jungen, der Äpfel stiehlt, oder eine Frau, die sich mit ihrem Mann zankt: Schwamm drüber. Gottes Schönheit und Größe ist derart umfassend, daß alles darin Platz hat.

Aber während sie fröhlich und etwas aufgeregt vom Beten dahinwandern, sehen sie einen Falken, der sich auf einen Spatzen stürzt und ihn tötet.

Die beiden Mönche stehen verblüfft da, wie betäubt. Dann beginnt Bruder Marcello zu schluchzen, er weint wie ein Lämmchen, wie ein Frauenzimmer, und obwohl Bruder Ninetto lachen muß, als er seinen Chef so schluchzen sieht, fängt er ebenfalls zu weinen an.

Schluchzend fällt Bruder Marcello auf die Knie und wendet sich direkt an Gott: »Sieh, ich hab' die Falken bekehrt und die Spatzen, wie es mir der hl. Franziskus befohlen hat, die Falken verehren dich, und die Spatzen verehren dich ebenfalls. Aber warum erkennt ein Falke in einem Spatzen nicht einen Falken, und warum erkennt ein Spatz in einem Falken nicht einen Spatzen? Warum gibt es die Klasse der Falken und die der Spatzen, und warum bekämpfen sie sich? Was kann ich dagegen tun, Gott, ich, armer Mönch, in Deinem Namen?«

Le corbeau
[Der Rabe]

Die Stimme des Raben ist die rechtschaffene, aktuelle, aufrichtige, vielleicht auch tiefe, jedenfalls aber zutiefst verständnisvolle »Stimme« der Ideologie: Er ist ein Teil des Lebens und auch wieder nicht, er sieht das Leben aus einer Distanz, die auch Ausgeschlossensein bedeutet: Er besitzt eine Lebenserfahrung, die er im Grunde nicht hat, und das bringt ihn, das arme sprechende Tier, in eine peinliche Situation, derer er sich bewußt ist, was seine Worte, seine Teilnahme und sein Engagement noch menschlicher macht.

Ein sonniger Tag, nicht mehr Frühling und noch nicht Sommer, einer jener Tage, die die Menschen genießen, fast ohne es zu bemerken. Wolkenloser Himmel, Licht, Meeresbrise, alles da, es fällt aber niemandem besonders auf. Und die Welt ringsherum ist die der Armen, was ebenfalls niemandem auffällt. Acilia, Vitinia, die Felder in Richtung Castelli oder Meer, Hütten, Baracken, Wiesen, Bauernhäuser, kleine Brücken, Hekken, versengte Lichtungen.

Marcello und sein Sohn Ninetto gehen und gehen an diesem schönen sonnigen Tag. Sie kommen von einem armseligen Ort und sind zu einem armseligen Ort unterwegs, zu Fuß, auf Schusters Rappen; und hin und wieder nehmen sie einen alten, klapprigen Autobus. Sie gehen.

Der Rabe gesellt sich zu ihnen, wie ein Weggefährte, ungebeten und ohne einleuchtenden Grund, verlegen, wird aber sofort zu einem verständnisvollen Freund. Im Scherz sagt er ihnen sofort einiges auf den Kopf zu, ihre Schwierigkeiten, ihre Ziele: Er will sich jedoch nicht sagen lassen, warum sie unterwegs sind, sondern es selbst erraten: Und er sagt viel Wahres über die beiden, wobei er sich sehr unterhält, errät jedoch nicht den tatsächlichen Grund: Sie gehen zu einem Quacksalber, um sich eine Medizin gegen Ninettos Bandwurm geben zu lassen. Ha ha, lacht der Rabe, ein schüchternes philosophisches Lachen.

Bald sind die drei gute Freunde, obwohl sich die beiden Männer, Marcello, ein eigensinniger und schrulliger Mensch, und sein Sohn Ninetto, ein etwas einfältiger Kindskopf, der wie ein kleiner Araber ständig lacht und auf dem besten Weg ist, fett und stumpf zu werden wie sein Vater, von dem sprechenden Tier nicht völlig aus der Reserve locken lassen, das Mißtrauen des »kleinen Mannes« insgeheim beibehalten. Verstehen sie oder verstehen sie nicht? Hören sie zu oder nicht? Teils, teils, wie es so ist im Leben.

Während sie quer durch die Landschaft außerhalb der Peripherie wandern, passiert einiges: einige kleine Zwischenfälle, die keine und gleichzeitig enorme Bedeutung haben. Und der Rabe interpretiert sie bis ins kleinste Detail: in ihrer ideologischen Tragweite. Und das tut er, der Ärmste, mit extremer Zurückhaltung und gleichzeitig mit höchster Luzidität, deswegen aber nicht weniger menschlich: Er ist sich ständig bewußt, daß er es mit einfachen Menschen zu tun hat, und paßt sich ihnen an. Es wäre absolut ungerecht, ihn als »Nervensäge« zu bezeichnen, obwohl er im Grunde, ja im Grunde eine ist. Aber nein, im Grunde, im Grunde ist er keine...

Um zwei oder drei beliebige Beispiele herauszugreifen (wir könnten auch andere wählen). Es ist später Vormittag, die Landschaft ist menschenleer. Vater und Sohn spüren plötzlich einen gewissen unangenehmen Drang, weshalb sie sich hinter eine große, staubige Hecke zurückziehen, wo sich ein jeder der beiden in der Einsamkeit seiner PRIVACY in eine Art Kontemplation versenkt.

Der Rabe bleibt diesseits der Hecke und wartet diskret. Aber da hört man plötzlich Schreie, die näher kommen, und weitere, noch heiserere Schreie und dann die Stimmen des Vaters Marcello und des Sohnes Ninetto, die verlegen und gekränkt antworten... Der Rabe fliegt über die Hecke, genau rechtzeitig, um zu sehen, wie Vater und Sohn sich den letzten Knopf zumachen und ein wutschnaubender Landbesitzer, gefolgt von wutschnaubenden Bediensteten, gelaufen kommt. Um es kurz zu machen: Der Besitzer des Feldes, der offenbar nicht länger mitansehen will, daß gewisse Dinge auf seinem Grundstück erledigt werden, wozu dieses aufgrund seiner abgeschiedenen und günstigen Lage einlädt, ist wütend auf die beiden, die seinen Besitz geschändet haben; er beschimpft sie, bedroht sie; doch damit nicht genug, verlangt er von ihnen, das, was sie abgeladen haben, eigenhändig wegzutragen. Die Beschimpfungen und die Drohungen hätten Marcello und sein Sohn um des lieben Friedens willen sogar geschluckt, aber angesichts dieser Forderung fühlen sie sich doch im Recht und beginnen ebenfalls, zu schimpfen und zu brüllen etc. etc. Kurzum, den Worten folgen Taten, Marcello und sein Sohn verprügeln den Bauern und die zwei, drei alten Männlein, die ihn begleitet haben, als jedoch die jungen Söhne des Bauern, einer davon mit einem Gewehr bewaffnet, auftauchen, nehmen sie Reißaus, laufen Hals über Kopf durch die Felder davon, in der Gluthitze, atemlos, während hinter ihnen, hinter der Hecke, zwei, drei Schüsse knallen. LE CORBEAU, der den bedauerlichen Vorfall unaufgefordert, peinlich berührt und mit leisem Spott mitangesehen hat, nimmt diese Episode der Gewalttätigkeit zum Anlaß, um eine Reihe von Beobachtungen anzustellen: über die Gewalttätigkeit der heutigen Welt, ihre Roheit, was Freud dazu gesagt hätte, was Marx dazu gesagt hätte; über das Beispiel Gandhis; den Dialog zwischen Marxisten und Katholiken über die Gewaltlosigkeit etc. etc.

Während er all das sagt, nachsichtig und in sehr einfachen Worten, damit ihn die beiden Einfaltspinsel verstehen, tauchen auf der weißen Straße drei schwarze Gestalten auf, die sich an einer großen Kiste zu schaffen machen, die man kaum als Auto bezeichnen kann. Es sind drei Neapolitaner, mit schrägen Augen wie die von Propheten oder Tigern mit zwanzig Zentimeter kürzeren Beinen, und ein Neger.

Marcello und Ninetto fühlen sich verpflichtet, ihre Bürgerpflicht zu leisten und beim Schieben des schwer beladenen Autos zu helfen, was sie auch tatsächlich tun, trotz ihrer Hühneraugen und obwohl sie noch atemlos sind vom Laufen. Sie schieben und schieben, einen Kilometer lang, aber der Motor springt nicht an. Erschöpft sinken sie am Straßenrand nieder und beginnen, über ihre Hühneraugen zu reden; was für ein Zufall, die Neapolitaner scheinen ein absolut wirksames, wenn auch etwas kostspieliges Mittel zu besitzen, das die Hühneraugen auf immer und ewig zum Verschwinden bringt. Marcello würden sie es für nur tausend Lire verkaufen. Der Neger zieht es aus der Tasche, und Marcello betrachtet es hoffnungsvoll, betastet es und kauft es schließlich, wobei er daherredet wie ein Bauerntrottel, der meint, ein gutes Geschäft gemacht zu haben etc. etc. Kaum ist das Geschäft abgeschlossen, springen die Neapolitaner ins Auto, das, wenn auch knarrend und knatternd, davonfährt. Am Straßenrand sitzend, ziehen sich Vater und Sohn geduldig und hoffnungsvoll Schuhe und Socken aus und schmieren sich die Wundersalbe auf die Füße. Und da lacht der Rabe wieder sein schüchternes und etwas gezwungenes philosophisches Lachen. »Lest«, sagt er und zeigt auf die Dose. Aber die beiden tun sich schwer beim Lesen: Der Vater beauftragt den Sohn, dem es nach einigen Anläufen gelingt, einen unverständlichen Satz vollständig vorzulesen. Der Rabe erklärt, was er bedeutet: Die Salbe, die sie sich auf die Füße schmieren, ist ein Verhütungsmittel. Was ist ein »Verhütungsmittel«? fragen die beiden. Was ist »Geburtenkontrolle?« (Marcello hat acht Kinder.) Und nun hält der Rabe einen fröhlichen kleinen Vortrag über das wahre große Problem der Zukunft, die Überbevölkerung; darüber, wie sich das Problem augenblicklich in Indien, in China darstellt; und weiter, über die moralischen Implikationen der Geburtenkontrolle; die Haltung der Kirche, das ökumenische Konzil...

Aber während man seine Worte hört und die Gesichter von Marcello und Ninetto sieht, in denen sich echte und falsche Neugier und eine gespielte Höflichkeit spiegeln, und die Blicke, die sie gen Himmel schicken wie jemand, der die Nase voll hat, wie sie sich zublinzeln und Blicke zuwerfen, in denen eine aufrichtige und kaum verhohlene Achtung vor ihrem Reisegefährten zum Ausdruck kommt – da ereignen sich mehr oder weniger bedeutsame Dinge, Alltägliches, wie an allen sonnigen Nachmittagen auf dem Land rund um eine große Stadt: Man sieht Kinder, Hochzeitsgesellschaften, Soldaten, frisch gebaute Fabriken, Menschenmengen, und schließlich taucht – so etwas darf nie fehlen – auf einer kleinen Brücke eine Prostituierte auf. (Existenz des Subproletariats, Gefälle zwischen der alten Welt des Hungers und des Elends und der neuen Welt des Neo-Kapitalismus etc. etc. Der gute Rabe hat dazu einiges zu sagen...)

Ein Auto, mit einem Haufen Galgenvögel darin, fährt an der Hure vorbei, die auf dem Mäuerchen sitzt und noch kaum zu sehen ist. Wie üblich wird sie mit einem Schwall unverständlicher Beschimpfungen eingedeckt, worauf sie unverständlich antwortet; dann, etwas näher, das Auto der GANG-

STER, sie halten neben einem Grüppchen anständiger Jungen, um sie gegen die Frau aufzuwiegeln. Aus den Satzfetzen, ihren Anspielungen geht etwas Ungeheuerliches hervor. Die Hure geht auf den Strich, um Katzen zu erhalten: das Heer der hungrigen Katzen, das sich rund um das Pantheon oder auf dem Largo Argentina herumtreibt. Die Katzen sind also ihre Zuhälter oder ihre Kinder, wie man möchte. Die Jungen lassen sich von den Erwachsenen anstacheln und laufen zur Hure, um sie zu schikanieren. Sie ist eine merkwürdige Erscheinung, riesig wie die Soreghina, sie hinkt und hat ein wunderschönes Gesicht, das jedoch das einer Verrückten ist. Zu den Katzen, ihren Zuhältern, auf die die menschlichen Zuhälter eifersüchtig sind, ist sie gewiß zärtlich, Nervensägen haben jedoch bei ihr nichts zu lachen: Und tatsächlich schlägt sie die Jungen sofort in die Flucht.

Die drei, die vorbeigehen, nehmen das alles flüchtig zur Kenntnis. Aber ein paar Schritte weiter klagt Marcello plötzlich über schreckliches Bauchweh (die Bohnen von heute morgen? die kühle Morgenluft?): Sein Sohn schaut ihn dumm an. Aber Marcello kümmert sich gar nicht darum und stürzt sich ins Gebüsch, kehrt zu der Frau zurück, sieht sie an, wird handelseins, und die beiden gehen davon.

Inzwischen unterhält sich der Rabe leichthin und ironisch über das Problem der Prostitution, über den berühmten Satz von Fidel Castro: »Nein, wir wollen die Prostituierten in Havanna nicht unbedingt abschaffen. Sie werden von selbst verschwinden, sobald sich die Lebensbedingungen geändert haben«; worauf ausführlichere Betrachtungen über die »natürliche« Veränderung einer Gesellschaft nach einer eventuellen Revolution folgen, den realen historischen Umständen entsprechend...

Der Vater kommt zurück, aber wie das Leben spielt, bekommt nun Ninetto Bauchkrämpfe: Es waren wohl wirklich die Bohnen oder der Morgenspaziergang über den Tau. Er schlägt sich ins Gebüsch, wobei er sich den Bauch hält. Er läuft zu der Frau, wird handelseins und geht mit ihr davon.

Danach gehen die drei weiter, wobei sich der Rabe geistreich über Vater und Sohn lustig macht: Er ist zwar von diesen und jenen Dingen des Lebens ausgeschlossen, aber nichts Menschliches ist ihm fremd, er sieht alles mit Humor und beinahe religiösem Mitgefühl etc. etc. Und so beginnt er, noch immer unbeschwert und leichthin, das Problem der Sexualität in der modernen Zeit in Angriff zu nehmen: Er spricht über Sexualität und archaische oder religiöse Moral, Sexualität und reale Moral, beziehungsweise Sexualität und zeitgenössische Gesellschaft; über die freie Liebe im Ur-Kommunismus, über den Verzicht des Kommunismus auf diese seine ursprüngliche Voraussetzung; über marxistischen

Moralismus und Stalinismus, über die Krise des Marxismus in den sechziger Jahren...

»Die Lehrmeister sind dazu da, in scharfer Soße gegessen zu werden.«
Giorgio Pasquali

Sie gehen und gehen, und plötzlich, während der Rabe noch immer redet, beginnen sich Vater und Sohn Blicke zuzuwerfen. Der Vater, der den Raben aus den Augenwinkeln heraus beobachtet, klappt den Mund auf und zu, als würde er kauen; der Sohn versteht nicht, und indem er die Augen zusammenkneift, fragt er schweigend: »Was?«; der Vater beginnt von neuem, den Mund auf- und zuzuklappen; und sie fahren fort, sich Zeichen zu geben und zuzuzwinkern, können sich jedoch nicht richtig verständigen, aus Angst, der Rabe könnte bemerken, daß sie ihm nicht zuhören, obwohl der unbeirrt weiterredet. Bis der Vater sich ein Herz faßt und zum Raben sagt: »Gestatten?«, zu seinem Sohn geht und ihm leise, wie unter Ganoven, mitteilt, daß er Hunger hat, daß er den Raben nicht mehr aushält, daß er ihm den Hals umdrehen und ihn aufessen möchte. Der Sohn wird erst einmal rot vor Verwunderung, dann ist er sofort hingerissen und begeistert von der Idee und wird rot vor Zufriedenheit und Verschlagenheit. Gesagt getan, sie nähern sich dem Raben, dem Ärmsten, der diesmal gar nichts verstanden hat und redet und redet, drehen ihm den Hals um, rupfen ihn und essen ihn.
Nachdem sie ihn gegessen haben, gehen sie weiter ihres Weges, sie gehen und gehen auf der weißen Straße, ihrem Schicksal entgegen, wobei ihnen die Kamera von hinten folgt, wie in den Filmen von Chaplin.

TECHNISCHE BEKENNTNISSE

(Aus dem Tagebuch)

Ich erinnere mich, in einem Interview in ›Paese Sera‹ vor einem Jahr oder mehr, als die Produktion von ›Das erste Evangelium – Matthäus‹ angekündigt wurde, gesagt zu haben, daß ich meinen neuen Film »auf der Straße« drehen würde, mit »Schauspielern von der Straße«, wie der etwas verächtliche Ausdruck lautet – also wie ›Accattone‹ beziehungsweise mit demselben realistischen Engagement wie ›Accattone‹, so wie ein impressionistischer Maler »en plein air« gesagt hätte, um sich von der Atelier-Malerei zu distanzieren. Ich hatte also vor, dieselben technisch-stilistischen Mittel einzusetzen, dieselben »Filmzeichen«, die, wie allgemein bekannt, nicht sehr zahlreich sind: fünf, sechs Objektive, fünf, sechs Kamerafahrten, einige Möglichkeiten der Lichtsetzung (Gegenlicht, flaches Licht, Effektlicht; Sonne, bedecktes Licht; Dämmerung; Nacht). Natürlich gibt es beträchtliche Unterschiede sowohl zwischen den Kamerafahrten als auch zwischen den Lichtarten. Eine Kamerafahrt kann zwanzig bis dreißig Meter lang sein oder auch nur wenige Dezimeter usw. Aber das ist nichts im Vergleich zu den Zeichen der Sprache, der Musik oder der Malerei. Bei ›Accattone‹ hatte ich, als Regie-Neuling, diese vorgegebene Armut an Zeichen noch weiter, bis auf ein Minimum, reduziert. Und das Ergebnis schien mir – und war es auch zum Teil – eine sakrale Stimmung zu sein: eine im technischen Sinn sakrale Stimmung, von der schließlich auch Landschaften und Menschen durchdrungen wurden. Es gibt nichts im technischen Sinn Sakraleres als einen langsamen Panoramaschwenk. Vor allem, wenn er von einem Dilettanten entdeckt und zum ersten Mal eingesetzt wird. (Ich spüre noch immer den Zauber, der von den langsamen Schwenks über abbröckelnde Mäuerchen ausging, von der langen Aufnahme des im öden Sonnenlicht daliegenden Pigneto...) Sakral: Frontal. Und somit Religiösität. Viele haben von der Religiösität gesprochen, die ›Accattone‹ innewohne; von der Fatalität seiner Psychologie etc. Außerdem verwendete ich ausschließlich 50-mm- und 75-mm-Objektive: Objektive, die das Stoffliche schwerer machen, das Plastische, das Chiaroscuro hervorheben, die Figuren schwerfällig und unangenehm wirken lassen, als wären sie aus wurmstichigem Holz oder weichem Stein. Vor allem, wenn man die Objektive bei »schmutzigem« Licht einsetzt – bei Gegenlicht (mit Ferrania!), das die Augenhöhlen tiefer werden läßt und die Schatten unter der Nase und um den Mund betont, das die

Bilder verlängert und gewichtiger werden läßt, fast wie auf einem Negativ, etc. Und aus diesem Grund erzeugte der Film in seinem Ganzen, in seiner bildlichen Realität den Eindruck von »feierlicher Todes-Ästhetik«, die der Kritiker Pietro Citati bemerkte. Und nur in Hinsicht auf diese technische beziehungsweise stilistische Methode ist es meiner Meinung nach legitim, bei ›Accattone‹ von Religiosität zu sprechen, wie es oft geschehen ist: Denn der wahre Stellenwert dieser Religiosität, die zu etwas Vagem und »Journalistischem« wird, wenn man sie mit den expliziten oder impliziten Inhalten identifiziert, läßt sich nur in der technischen Methode und im Stil erkennen. Kurz und gut, die Religiosität lag weniger dem extremen Bedürfnis des Protagonisten nach Erlösung (vom Zuhälter zum Dieb!) zugrunde und auch nicht, von außen gesehen, der Fatalität, dem unabwendbaren Schicksal, das in einem Kreuzessymbol gipfelt, das alles bestimmt und alles beschließt, sondern in der »Art und Weise, die Welt zu sehen«: In der technisch sakralen Art und Weise, sie zu sehen.

Bei ›Ricotta‹ erweiterte ich diese extrem reduzierten technischen Mittel – 50-mm- und 75-mm-Objektive, einfache Panoramaschwenks, wackelige Kamerafahrten – um ein »Pancinor-Objektiv«, nicht so sehr wegen seiner Eigenschaften als Zoom (das ich nur sporadisch einsetzte), sondern wegen seiner Brennweite, von 100 mm aufwärts, mit der man Effekte erzielen kann, die ich als Masaccio-Lehrling besonders schätzte: die Bilder werden dadurch noch flacher, wärmer und schwerer. Sie gehen auf wie Brote, zugleich schwere und flaumige Brote – um die abgenutzte rhetorische Figur der Synekdoche zu verwenden: So wie der Pinsel flaumig ist, geradezu schäumt, wenn er das massivste plastische Chiaroscuro auf die Leinwand zaubert, dessen Zentrum der Mensch und dessen Licht das universale Licht ist.

Ungeachtet dessen, was ich dem Journalisten von ›Paese Sera‹ großsprecherisch verkündet hatte, habe ich das ›Evangelium‹ ganz anders gedreht als ›Accattone‹. Ich erinnere mich mit Grauen an die ersten Drehtage, als ich drehte, wie ich es eben konnte, mit meinen geliebten Objektiven und Kameraschwenks. Wie war es möglich, daß ich es nicht sofort bemerkte, noch vor Drehbeginn? Es lag auf der Hand, daß das »technisch Sakrale«, die kindliche Einfachheit, die den ›Stoff‹ der römischen Vororte aus seiner gewohnten (und konventionellen) Semantik herausgelöst hatte, bei einem an und für sich sakralen »Stoff«, wie ich ihn erzählen wollte, augenblicklich rhetorisch und platt wurde. Ein Zuhälter des Pigneto, dargestellt wie eine romanische Architektur oder eine Masaccio-Gestalt, funktionierte hervorragend, aber Christus... Ein frontaler, mit einem 50-mm- oder 75-mm-Objektiv aufgenommener Christus, in Verbindung mit kurzen und intensiven Panoramaschwenks, war reine Emphase: eine Reproduktion. Ohne den Irrtum zu bemerken, habe ich am Anfang die ganze Szene am Berg Gethsemane und die Verhaftung auf diese Weise gedreht. Und da ich sie nachher nur teilweise habe neu drehen können, ist sie auf immer und ewig von meinem anfänglichen Irrtum gekennzeichnet: Wenn ich sie jetzt auf der Leinwand sehe, geniere ich mich zu Tode, obwohl sie beim Schneiden korrigiert und dem Film angepaßt wurde.

Erst als wir bei der Szene der Taufe im Jordan angelangt waren, in einer unbeschreiblichen Nacht in einer kleinen Pension in Viterbo, wurde mir bewußt, daß ich dabei war, den größten Mißerfolg meines Lebens zu inszenieren. Eine Entdeckung, die man einmal gemacht hat, kann man nicht ewig weiterverwenden. Ein Buch zu schreiben oder einen Film zu drehen, kostet immer wieder eine mörderische und absolut unverhältnismäßige Anstrengung. Und bei jeder Krise hat man den Eindruck, nun wäre alles aus und alles Bisherige sei umsonst gewesen. Dabei beginnt damit nur eine Reihe von Geburtswehen, die sich Tag für Tag wiederholen, in allen Einzelheiten. Als ich an diesem Morgen in Viterbo aufwachte, hatte ich sogar beschlossen, die Totale und die Nahaufnahmen der Menschenmenge im Jordan von einem Hubschrauber aus zu filmen. Hubschrauber bekam ich keinen, die Arco Film ist keine amerikanische Filmgesellschaft. Aber der Chia, der Bach, der als Jordan diente, lag in einer tiefen Schlucht, die bei Ariost hätte vorkommen können: Ich kletterte also mit dem heroischen Delli Colli und der Arriflex, die mit einem Zoomhebel ausgestattet war, auf die Felsen hinauf und filmte von oben die Gruppen, die ganzen Personen und die Nahaufnahmen, wobei ich mit dem Zoom arbeitete. Alles Frontale, jegliche Ordnung und Symmetrie machten somit dem Chaotischen, dem Zufälligen, dem Asymmetrischen Platz: Die Gesichter waren nicht mehr frontal in der Mitte der Aufnahme zu sehen, sondern irgendwo, wie es der Zufall wollte, aus allen möglichen Perspektiven und immer außerhalb der Bildmitte.

Inzwischen verwendete ich in erster Linie ein 300-mm-Objektiv. Womit ich zwei Effekte gleichzeitig erzielte: Einerseits wurden die Figuren flacher, und wirkten dadurch noch mehr wie auf einem Gemälde (des Quattrocento und Cinquecento), und gleichzeitig auch unmittelbar und zufällig wie in einem Wochenschau-Dokumentarfilm (Zieleinfahrt bei einem Radrennen) ... Nachdem ich also meine Gewohnheiten aufgegeben hatte – nach und nach, wie es so ist, beim Drehen –, befreite ich mich immer mehr von meinen alten Ordnungsprinzipien, dem technisch Sakralen, und stürzte mich ins Chaos: Und ich verwendete nicht nur ein 300-mm-, sondern auch sein Gegenteil, ein 25-mm-Objektiv: und zwar für die Nahaufnahmen! Früher hätte ich das grauenhaft gefunden. Ein 25-mm-Objektiv verzerrt die Gesichter derart, daß sie im Extremfall wie Jugend-

stilornamente wirken: doch andererseits, mit was für einem »Übermaß«
an »Ausdruck« wird man belohnt: mit einem Übermaß an Schärfe, an klaren Umrissen, an langgestreckten Linien, durchscheinenden Oberflächen
(das war genau das Gegenteil von dem, was ich bisher bei Nahaufnahmen
gewollt hatte, und paßte, als Widerspruch, als verzweifelte Freiheit,
genau zum neuen stilistischen Chaos). Beim Schneiden ergab es sich dann
immer wieder, daß eine mit einem 18-mm -Objektiv gefilmte Totale auf
eine mit einem 300-mm-Objektiv gefilmte Nahaufnahme folgte, wir
»sprangen« unzählige Male von einer Nahaufnahme, die zuerst mit
einem Objektiv mit langer Brennweite, einem 75-mm- oder 100-mm-,
und dann mit einem 25-mm-Objektiv gefilmt worden war, etc. etc: Und
es gibt auch eine Menge zufälliger Aufnahmen – was mit einem gewissen
Verschleiß an Filmmaterial verbunden ist –, auf denen eben nur das zu
sehen ist, was man mit einem 300-mm-Objektiv von weitem aufs Bild
bekommt etc. etc. Als der Film noch ungeschnitten war (eine wunderbare
Phase!), machte er auf mich genau jenen Eindruck von »Chaos«, das –
nun, da ich meine alten technischen Credos über Bord geworfen hatte – zu
einem neuen werden sollte: einem weniger religiösen, sondern epischeren,
einem weniger hieratischen, sondern moderneren, einem weniger roma-
nischen, sondern mehr impressionistisch-expressionistischem etc. etc.
Und das Ganze machte auf mich den Eindruck von großer Vitalität (wozu
natürlich auch all das beitrug, was ich gefilmt hatte, nicht nur die Art und
Weise, *wie* ich es gefilmt hatte!).
Jetzt, wo der Film geschnitten ist, ist das Ergebnis plötzlich ein ganz anderes: ein Film, der technisch unerwartet sauber ist, bei dem alles, was zu
chaotisch, zu expressionistisch, zu zufällig, zu beliebig, zu asymmetrisch
war, weggefallen ist, alle meine Sprünge beim Schneiden, alle meine Unre-
gelmäßigkeiten, auf harmonische Weise eingeebnet sind; sogar die Drey-
er- und Eisenstein-Zitate oder die Mizoguchi-Reminiszenzen, die sich
deutlich hätten abheben und gegenseitig betonen sollen, fügen sich in den
heiteren und nivellierenden Gesamtkontext des Filmes harmonisch ein.
Auch die objektive Vitalität – die in ihrer schlichten Alltäglichkeit unge-
wöhnlichen Gesichter (der lukanischen und kalabresischen Bauern) oder
die von einer historischen Modernität der Gefühle gezeichneten Gesichter
(meiner intellektuellen und bürgerlichen Freunde) – paßt sich einer Art
Normalität an, die in großer Distanz und Stille besteht. Die Darstellung
hat auf merkwürdige Weise der Beschwörung Platz gemacht. Das Chaos
ist unerwarteterweise zur technischen und stilistischen Harmonie geworden. Ich frage mich, warum.

(Herbst 1965)

Große Vögel, kleine Vögel‹ sollte ein typisch narrativer Film werden. Ich hatte beschlossen, bei der ersten Aufnahme ein 32-mm-Objektiv zu verwenden und damit bis zum Ende des Films auszukommen. Die Kamerafahrten sollten rein funktionell sein: Man sollte die Kamera also ›nicht bemerken‹, der Tradition der klassischen Komödie entsprechend (Keaton, Chaplin, etc.). Der Terminologie zufolge, ich ich hier andeutungsweise entwerfe, sollte der Film in erster Linie »substantivisch« sein: und die nähere Bestimmung der Substantive (beziehungsweise die »Relativsätze«) sollte schlicht und ohne Ornamente sein; was die dritte Operation, die »Verbalisierung«, beziehungsweise die Reduktion der mit Relativsätzen versehenen Substantive zu »Rhythemen« [Neologismus Pasolinis. Anm. d. Ü.], anbelangt, so sollte sie dem allgemeinen Kanon entsprechen, keine Auslassungen und keine übermäßige Expressivität aufweisen etc. etc.

Zum zweiten Mal (das erste Mal war mir dies beim ›Evangelium‹ passiert) erwies sich ein vermeintlich zuverlässiges technisches Konzept augenblicklich als Irrtum. Es war von Anfang an unmöglich, es auf meine ideo-komische Erzählung anzuwenden (ich habe mit der Episode des Raben begonnen): und das hat meine Pläne augenblicklich über den Haufen geworfen und mich gezwungen, die – allerdings gemäßigte – Technik des poetischen Films anzuwenden: Ich begann sofort mit asymmetrischen Aufnahmen (Totò und Ninetto isoliert, mit viel Platz neben sich – fast als würden sie nicht normal, wie ein Paar, nebeneinander gehen, sondern als ginge ein jeder der beiden für sich, eingeschlossen in seiner verqueren, dank einer solchen Einstellung wenig naturalistischen und kaum erkennbaren Welt); beim Schneiden »vereinte« ich sie dann nur bei einer einzigen Totalen – zwei schwarze Pünktchen am Horizont – und in einem einzigen Augenblick, in dem sie sich angeregt unterhielten. Und daran habe ich mich während der ganzen Dreharbeiten gehalten. Wobei ich das substantivische Material mit Hilfe der Kamera ausführlich mit Relativsätzen versah (»Totò, der schaut«, »Ninetto, der lacht« etc. etc.) und für den Schnitt einen »arhythmischen« Rhythmus vorbereitete, den Rhythmus einer poetischen, jedoch nicht allzu expressiven Sprache.

Beim Drehen dachte ich, an alldem sei meine Unfähigkeit schuld, eine klassische Komödie zu inszenieren (sofern ich den Film nicht auf ein einziges langes Zitat reduzieren wollte), und daß ich Komik deshalb nur mit Hilfe von Expressivität erzeugen konnte, wenn nicht gar mit Hilfe eines gewissen, melancholischen und elegischen Expressionismus. Aber natürlich irrte ich mich auch diesmal. Einen Film zu drehen, bedeutet (zumindest für mich), die Wahrheit über sich zu sagen, darüber, wer man wirklich ist.

Beim Drehen entdeckt man Schritt für Schritt sich selbst. Und man kann nicht mogeln, außer man hat einen Produzenten, der bereit ist, Millionen oder Milliarden aufs Spiel zu setzen: Und das war bei mir nicht der Fall. Da ich die von der extrem strengen Kalkulation gesteckten Grenzen einhalten mußte, war ich gezwungen, genau den Film zu drehen, den ich kalkuliert hatte. Und da es unmöglich war, mit Hilfe von Experimenten, Auslassungen oder Hinzufügungen etwas vorzutäuschen, habe ich versucht, den Film auf einer rein stilistischen Ebene zu manipulieren (was, zusammen mit dem verzweifelten Wunsch, keinen Flop zu bauen, immerhin auch [Fellinis] ›Julia und die Geister‹ gerettet hat). Je weiter die Dreharbeiten zu ›Große Vögel, kleine Vögel‹ voranschritten, desto mehr zeigte sich, worin die Notwendigkeit des Films bestand: Beziehungsweise zeigte sich, wie aufrichtig (oder unaufrichtig) ich bei der Konzeption gewesen war. Ich schreibe diese Zeilen in einem schwierigen Moment: Ich habe den Film eben zum ersten Mal ganz gesehen, wenn auch nur im Rohschnitt. Alles ist noch möglich: Der Film kann gelingen oder mißlingen. Und ich kann nichts anderes tun, als wie besessen daran zu arbeiten, um ihm jene endgültige Form zu geben, die er unabhängig von mir bereits in sich trägt. Diese Form wird mir nicht nur offenbaren, ob ich in meinem Wunsch, diesen Film zu machen, und bei der Art und Weise, ihn zu machen, aufrichtig war: sondern auch, wer ich bin und was ich in diesem Augenblick wirklich will.

Inzwischen ist mir klargeworden, daß die technische Krise am Anfang von ›Das erste Evangelium – Matthäus‹ darauf zurückzuführen war, daß ich nicht gläubig bin und daß ich eine Geschichte, an die ich nicht glaubte, nur »mit dem Blick eines anderen« sehen konnte – weshalb ich mich für die chaotische Technik des »poetischen Films« entschieden habe, die sich aus der Verschmelzung meiner Sichtweise mit der eines idealen Gläubigen ergab – aber was war der Grund für die anfängliche Krise bei ›Große Vögel, kleine Vögel,‹ aufgrund derer ich die »Technik des narrativen Films« aufgab und mich an die Stileme des poetischen Films klammerte wie an einen Rettungsring? Die Notwendigkeit, Komik durch Verzerrung und Expressivität erzeugen zu müssen, wie ich zuerst geglaubt hatte? Die Wirklichkeit sah wahrscheinlich anders aus. Und zwar: Dieser Film, der, wie die Arie »In diesen heil'gen Hallen kennt man die Rache nicht« aus der ›Zauberflöte‹, im Zeichen der Unbeschwertheit hätte stehen sollen, ist in Wirklichkeit das Ergebnis einer tiefen Melancholie, aufgrund derer ich nicht an die Komik der Wirklichkeit (an eine substantivische, objektive Komik) glauben konnte: Und so ergab es sich, daß bei der Vermischung von Komischen und Geheimnisvollem (was in meiner Absicht lag) schließlich das Geheimnisvolle überwog. Vielleicht hat die schreckliche

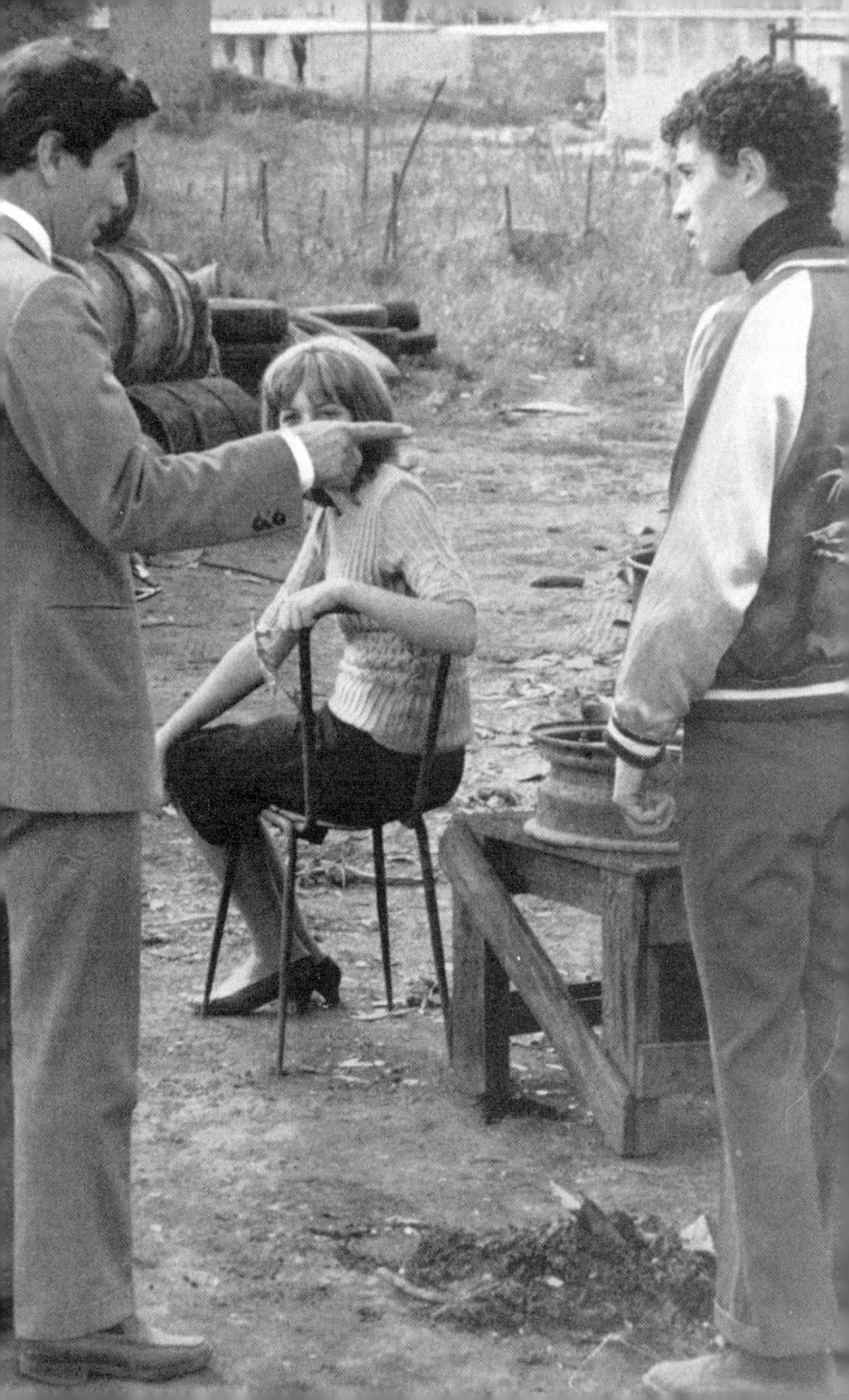

Bitterkeit der Ideologie, die dem Film zugrunde liegt (das Ende einer gewissen Phase unserer Geschichte, der Verfall eines Mandats), doch noch den Sieg davongetragen: Und offensichtlich – aber das weiß ich noch nicht, und um das zu wissen, muß ich warten, bis der Film fertig ist – hat mich diese Bitterkeit daran gehindert, die Dinge und die Menschen mit dem fröhlichen und unbeschwerten Blick der Vergebung zu sehen…

(16. Januar 1966)

Ich habe den Film beinahe fertig geschnitten, ihn gestrafft, rasanter gemacht. Eine ganze Episode, die erste, habe ich herausgeschnitten. Der Film besteht nun nicht mehr aus drei Episoden, sondern ist ein einheitlicher Film, der einen zweiten, kurzen Film enthält, der gewissermaßen vom sprechenden Raben erzählt wird. Ein visuelles Produkt der Ideologie des Raben also, der als – allerdings unorthodoxer – Marxist die Qualität einer bestimmten Kirchenpolitik erkennt etc. etc., jedenfalls die Anti-Bürgerlichkeit alles Sakralen. Jetzt, wo der Film fertig ist, stellen sich gewisse Krisen oder Techniken, in deren Zeichen er anfänglich gestanden hatte, wieder einmal ganz anders dar; und die ursprüngliche Absicht wird offenbar. Die ursprüngliche Absicht war, einen poetischen Film in der Sprache der Prosa zu drehen. Die Krisen und die technischen Entscheidungen zu Beginn der Dreharbeiten (wie auf der vorangegangenen Tagebuchseite beschrieben) mündeten schließlich in der Übernahme – bei gewissen Details, bei einzelnen Szenen – einer gewissen Dosis an »poetischer Sprache«. Jetzt, wo der Film fertig und fast endgültig geschnitten ist, ist er wieder zum poetischen Film in der Sprache der Prosa geworden, den ich machen wollte, bevor ich das Drehbuch zu schreiben begann. Der bewußte Held (mit seinem tödlichen Schmerz) ist etwas in den Hintergrund getreten, während die – allerdings magische und melancholische – Struktur der Fabel deutlich sichtbar geworden ist: die direkt von meiner – wobei ich als Autor gemeint bin, nicht als der, der sich zu einem kleinen Teil mit dem Raben identifiziert – »heruntergekommenen Suche nach echten Werten in einer heruntergekommenen Welt« handelt, wie die von Goldmann zitierte Formulierung von Lukács lautet. Die Technik der Fabel hat mir folgendes ermöglicht: eine genügend große Distanz, um jene Beziehung zum Thema der Erzählung zu machen, die aufgrund einer (unbewußten und unvermeidlichen) Entsprechung der Beziehung von Erzählungsstruktur und Gesellschaft (keiner gesellschaftlichen Gruppe, keinem kollektiven Bewußtsein) entspricht, von der sie hervorgebracht wird. Natürlich will ein Autor keinesfalls das Gefühl haben, einem fremden Willen zu gehorchen, auch nicht, wenn sich dieser fremde Wille euphemistisch »Entsprechung« nennt. Außerdem hat er das Gefühl, Freiheit nicht einmal im Leben und im Werk eines »problematischen Individuums« zu finden, da er, alles in allem, Authentizität nicht einmal im »Gebrauchswert« wiederfindet: die einzige Authentizität und somit Freiheit, die er sich vorstellen kann, besteht darin, zu wissen, was er tut. Wenn er als Bourgeois – in einer ersten Phase – nichts anderes tun kann, als Romanfiguren zu erfinden, deren Dasein dem wirklichen Menschen in der kapitalistischen Konkurrenzgesellschaft entspricht, und – in einer zweiten Phase – nur das Verschwinden seiner Gestalten darstellen kann, das dem Verschwinden des Individuums in der kapitalistischen Monopolgesellschaft entspricht – dann besteht der einzige Akt der Befreiung nicht darin, eine analoge Situation darzustellen (es gibt keine Individuen mehr? Erzählen wir also Geschichten ohne Individuen), sondern darin, diese Situation zum Thema der Erzählung zu machen. Dafür braucht man mehr Ironie als in der Vergangenheit. (Und vielleicht bin ich deshalb auf die Idee gekommen, eine komische Geschichte zu erzählen – zu einem Zeitpunkt, als mir schon seit einiger Zeit buchstäblich nichts eingefallen war, das ich literarisch oder filmisch hätte umsetzen können – wenn es ums Romanschreiben ging, dachte ich an eine Neubearbeitung von Dantes ›Inferno‹, das eigentlich ein Epos ist, und wenn es ums Filmen ging, dachte ich an einen Film, bei dem ich nur Regie führte, wie beim ›Evangelium‹ – der also nicht auf einer Idee oder einem Drehbuch von mir basierte.) Ich gestehe, daß mir die ideologische Ironie (die das Problem des Romans oder des Films selbst thematisiert) als extrem ergiebig erscheint…

(21. Januar 1966)

Ich habe versucht, die Episode des Dompteurs und des Adlers zu retten, indem ich sie auf eine Länge von acht bis zehn Minuten reduziert habe. Im Augenblick weiß ich noch nicht, ob sie im Film bleiben wird oder nicht. Wenn ja, würde sie ebenfalls vom Raben erzählt werden, vor der Episode der beiden Mönche. Dank der Reduktion auf acht bis zehn Minuten, wodurch die Episode zu dem wird, was sie im Grunde ist, ein ›symmetrischer Schnörkel in viel Schwarz und viel Weiß‹, erhält sie ein wenig von der Poesie zurück, die sie in ihrer normalen Länge verloren hatte. Und zwar aus zwei Gründen: erstens weil Totò nicht in der Lage ist, ein »bewußtes Individuum, das über kulturelle Privilegien verfügt«, zu spielen (wobei ich spielen nicht im eng professionellen Sinn verstehe). Er ist ein »Unschuldiger«, und nur als »Unschuldiger« kann er poetisch sein. Und zweitens, weil ich die Episode mit extrem knappen Mitteln gedreht habe. Da ich nur vier weiße Laken an den Wänden hatte, war ich gezwungen, die ganze Episode eben wie einen Schnörkel in Schwarzweiß zu drehen, als eine Art Illustration ihrer selbst, die aus zwei oder drei enorm kargen Elementen bestand: Weiß, Schwarz und etwas Grau (ein Léger an der Wand) und den Gesichtern der Protagonisten. Die ganze mögliche expressionistische Fülle ist dieser extremen Stilisierung zum Opfer gefallen. Die kulturell bewußten – und somit prosaischen – Worte des Dompteurs gingen unweigerlich in diesem kargen Weiß unter etc. etc. Ebenfalls aufgrund der spärlichen Mittel hatte ich außerdem die »Komödien« nicht gedreht, die vom Dompteur zur Erbauung des Adlers auf eine kleine Leinwand projiziert werden sollten. Nichts Entsprechendes ist an ihre Stelle getreten. Diese Erzählung zwanzig Minuten oder eine halbe Stunde lang durchzuhalten, hätte bedeutet, etwas aufzublasen, das bereits eine Reduktion war... Indem ich das Ganze so weit wie möglich straffte und daraus ein karges Silhouetten-Ballett machte, eine Reihe von Cartoons in »viel Weiß und viel Schwarz«, habe ich vielleicht eine Möglichkeit gefunden, die Geschichte von Totòs Verwandlung zu retten: der Verwandlung eines atheistischen, rationalen Bürgers, der unfähig ist, sich die Religion, die Poesie, das Leben einer präindustriellen Welt (symbolisiert von einem armseligen, schäbigen Adler) als einheitliches Ganzes vorzustellen, in ein »problematisches Individuum«, das versucht, sich in den Adler hineinzuversetzen und davonzufliegen. (Ich bin eben mit dem Schneiden fertig geworden – wobei ich das »Material« fast wie »vorgefundenes« Material behandelt habe, als ob ich es nicht einmal selbst gedreht hätte –, so daß ich in diesem Augenblick, ich wiederhole, gar nicht sagen kann, ob die Episode im Film bleiben wird oder nicht.) [Sie wurde nicht in den Film aufgenommen. Anm. d. Ü.]

(23. Januar 1966)

DIE PHASEN DES RABEN

(Aufzeichnung, 1965)

D er Rabe hat in seiner Konzeption verschiedene Phasen durchlaufen. Am Anfang war er einfach ein Weiser, ein Wissender, im Grunde ein einfacher Moralist (aber ursprünglich war er als Figur für eine Erzählung vorgesehen, nicht für einen Film). Aber dann wurde aus dem Moralisten ein Philosoph. In diesem Augenblick entstand die Idee, aus der Erzählung (die ich nicht hätte schreiben können, da mir die entsprechende Sprache fehlte) einen Film zu machen. Der Philosoph mußte also konkrete Formen annehmen, denn ohne Konkretheit ist keine Vereinfachung möglich (die zwar nicht unbedingt notwendig, aber eine faszinierende prosodische Norm ist) bei einem Produkt, das für ein Kinopublikum bestimmt ist, etc. etc.

Dieser Philosoph war am Anfang ein »wirklicher« Weiser, der mit Hilfe einer skandalösen und anarchischen Freiheit die empirische und absolute, nicht die systematische Wirklichkeit der Dinge sucht. Ein gewissermaßen unter Drogen stehender Weiser, ein liebenswerter Beatnik, ein Poet, der nichts mehr zu verlieren hat, eine Gestalt von Elsa Morante, ein Bobi Bazlen, ein sublimer und zugleich lächerlicher Sokrates, der vor nichts haltmacht, und der sich verpflichtet fühlt, niemals zu lügen, fast als ob die indischen Philosophen oder Simone Weil seine Vorbilder wären.

Aber diese Konzeption des Raben funktionierte nicht. Denn eigentlich sind die beiden Personen, Vater und Sohn, die ihres Weges gehen und gehen, in ihrer vollkommenen Unschuld, in ihrem naiven Zynismus, in ihrer Authentizität – beziehungsweise in ihrem Automatismus einfacher Leute, der in gewisser Weise immer etwas Authentisches ist, im absoluten Sinn des Wortes – genau das, was der Rabe diesem zweiten Entwurf zufolge hätte sein sollen. Er hätte ihnen beibringen sollen, was sie immer schon waren und immer sein werden, was sie per definitionem sind. Es wäre also nicht möglich gewesen, daß sie ihn am Schluß, wie vorgesehen, aufessen: beziehungsweise ihn sich einverleiben und sich das wenige aneignen, was sie sich von ihm aneignen konnten, und daraufhin weiter ihres Weges gehen, bis ein anderer Rabe gekommen wäre und ihnen Bewußtsein verliehen hätte.

Der Rabe mußte also in Zeit und Raum genau definiert sein: Und ich mußte aus der Ganzheit der komplexen Kultur des anarchischen und »indischen« Raben das marxistische Element herausfiltern, das in diesem

Fall eine Komponente seiner Kultur sein mußte. Als ich das Drehbuch schrieb, hatte ich also einen marxistischen Raben vor Augen, der jedoch auch noch etwas vom anarchischen, unabhängigen, sanften und wahrheitsliebenden Raben an sich hatte.

In diesem Augenblick wurde der Rabe zu einer autobiographischen Figur – einer Art unkonventionellen Metapher des Autors. So entstand sein psychologischer Background: ein Marxismus, übernommen als unschuldige Norm, als bewußte, nicht verrückte Palingenese, aufgrund eines Normbruchs, eines Traumas (Sehnsucht nach dem Leben, zwanghafte Distanz zum Leben, Einsamkeit, Literatur als Ersatz, die natürliche Verpflichtung zur Passion etc. etc.). Aber das autobiographische Element bestand vor allem in der Art des Marxismus, den der Rabe vertrat. Eines Marxismus, der alle möglichen Synkretismen, Vermischungen und Regressionen zuließ, in seinen Grundfesten, Diagnose und Prognose, jedoch unerschütterlich blieb (Gegensatz zwischen präindustrieller und industrieller Welt in Italien, Zukunft des Arbeiters etc. etc.).

Aus alldem ergab sich ein Widerspruch. Der Rabe »sollte« am Ende »aufgegessen werden«. Darin bestand die Intuition und die unumstößliche Absicht meiner Fabel. Er sollte gegessen werden, weil er sein Mandat, seine Aufgabe erfüllt hatte und somit, wie es so schön heißt, überholt war; und außerdem sollten sich seine Mörder das wenige Brauchbare »aneignen«, das er der Menschheit (Totò und Ninetto) während seines Mandats unter Umständen gegeben hatte.

An dieser Stelle sollten wir uns daran erinnern, daß das Motto der Geschichte vom Raben ein Satz von Mao sein könnte, der in einem Interview mit einem amerikanischen Journalisten ungefähr folgendes gesagt hatte: »Wohin gehen die Menschen? Werden sie in Zukunft Kommunisten sein oder nicht? Wer weiß! Wahrscheinlich werden sie weder Kommunisten noch Nicht-Kommunisten sein... Sie werden immer weiter gehen in ihre ungeheure Zukunft und sich gerade das von der kommunistischen Ideologie nehmen, was sie brauchen können in der riesigen komplizierten Konfusion ihres Weitergehens...«

Der Rabe stellte in dieser Phase also die marxistische Ideologie dar, und zwar in einem Augenblick, in dem ein gewisser »historischer Moment« dieser Ideologie – beziehungsweise der Marxismus der fünfziger Jahre – bereits überholt war. Diesen Punkt mußte ich in all seiner Widersprüchlichkeit klären: Wenn der Marxismus des Raben mit meinem Marxismus übereinstimmte, ich mich jedoch weiterentwickelte und mir vor allem der Krise des Marxismus der fünfziger Jahre bewußt war, dann konnte seine Geschichte nicht zu Ende sein, konnte er nicht einfach überholt sein – wie es eine einfache Geschichte erfordert hätte – und am Schluß aufgegessen werden. Hätte der Marxismus des Raben hingegen nicht mit meinem übereingestimmt, wäre der Rabe zu einer völlig objektiven Gestalt geworden, deren Meinungen ich nicht mehr hätte teilen können: einer langweiligen und unsympathischen Gestalt, einem Stalinisten im Grunde, deren Stimme »altmodisch« geklungen hätte, innerhalb des im wesentlichen neuartigen Kontexts der Fabel. Die Geschichte erforderte jedoch, daß er sympathisch war, daß er recht hatte mit seinen – allerdings etwas langweiligen – Reden: So daß man am Schluß, wenn er aufgegessen wurde, zwei gleichwertige Gefühle verspürte: einerseits Erleichterung, von seiner ideologischen Obsession befreit zu sein, die immer und alles erklären wollte, und andererseits Trauer wegen seines schlimmen Endes. Ich mußte also den Marxismus des Raben von meinem trennen und seine Aktualität objektivieren. Beziehungsweise, auch er mußte sich – wie ich – der Krise des Marxismus bewußt sein, also ein Marxist der 60er Jahre sein; seine Beweggründe sollten jedoch nicht eindeutig den meinen entsprechen.

Anders gesagt: Ich mußte meine Beweggründe sorgfältig überprüfen – ich mußte dazulernen. Weitergehen, mich verändern, verstehen, um schließlich meinen erneuerten Marxismus dem Raben in den Mund zu legen. Meinen neuen und seinen Marxismus zur Übereinstimmung bringen, jedoch jenseits meiner unfruchtbaren und ausschließlich negativen Erfahrung der letzten Jahre.

Und das habe ich versucht zu tun – was wenig ist für einen Ideologen, vielleicht jedoch viel für einen Geschichtenerzähler. Ein Buch hat mir dabei wertvolle Dienste geleistet, das gerade im richtigen Augenblick erschienen ist: Mit Hilfe einer von Franco Fortini herausgegebenen Anthologie und eines kürzlich erschienenen Buches von ihm, ›Verifica dei poteri‹, habe ich versucht – das Drehbuch korrigierend –, die ideologische Figur des Raben zu konstruieren und in dem schrecklich verworrenen Knäuel einen zusammenhängenden poetischen Faden zu finden.

Mitwirkende

Ninetto Davoli
Femi Benussi
Umberto Bevilacqua
Renato Capogna
Rossana Di Rocca
Pietro Davoli
Cesare Gelli
Vittorio La Paglia
Alfredo Leggi
Renato Montalbano (C.S.C.)
Mario Pennisi
Lena Lin Solaro
Fides Stagni
Giovanni Tarallo
Vittorio Vittori

Bauten	Luigi Scaccianoce
Kostüme	Danilo Donati
Schnitt	Nino Baragli
Musik (komponiert und arrangiert)	Ennio Morricone
Musikverlag und Musikaufnahmen	RCA Italiana S.p.A.
Kamera	Mario Bernardo
	Tonino Delli Colli (A.I.C.)

Produktionsleitung	Fernando Franchi
Aufnahmeleitung	Gilberto Scarpellini
Produktionssekretär	Enzo Ocone
Geschäftsführung	Vincenzo Taito
Kassierer	Aurelio Lalli Persiani
Script	Lina D'Amico
Schnitt-Assistenz	Rossana Maiuri

Regieberatung	Sergio Citti
Regie-Assistenz	Carlo Morandi (C.S.C.)
	Vincenzo Cerami

Kamera-Assistenz	Franco Di Giacomo
	Gaetano Valle
Architekturberatung	Dante Ferretti
Kostümberatung	Piero Cicoletti
Hilfsarbeiten	Antonio Orlandini
	Sergio Rubini (C.S.C.)
Standfotos	Divo Cavicchioli
Ton	Pietro Ortolani
Mikrofon	Armando Bondani
Dollyfahrer	Mariano Sargenti
Beleuchtung	Alberto Ridolfi
Fauna-Experte	Pino Serpe
Maske	Vittorio Biseo
Frisuren	Adriana Cassini
	Rocchetti
Schneiderei	Piero Farani
Pflanzen und Blumen	Adriano Ceccotti
Materialverleih	Angelo Rancati
Schuhe	Pompei
Vogelsammlung	Domenico Rossi
Filmmaterial	Ferrania P.30
Entwicklung	Spes Catalucci
Studio	Incir De Paolis
Tonstudio	International Recording
	Studios Westrex Sound System
Synchronisation	C.D.C.
Mischung	Emilio Rosa
Produktion	Alfredo Bini
Regie	Pier Paolo Pasolini

Pasolinis essayistischer, poetischer, ideologischer und komischer Film ›Uccellacci e uccellini‹ (1965/66) handelt von der Krise des Marxismus. Zum ersten Mal wird Pasolini mit dieser Krise im Jahre 1956 konfrontiert, und seitdem kreist seine politische Poesie um dieses Thema und hält die Wunde offen. Eines seiner Hauptwerke, die 1956 abgeschlossene Gedichtsammlung ›Le ceneri di Gramsci‹ erhält durch die Ereignisse von 1956 eine dramatische Wende, die in den letzten, in der zweiten Jahreshälfte geschriebenen Gedichten zum Ausdruck kommt. Chruschtschows Enthüllung der Verbrechen Stalins löst zwar Desorientierung aus, bestärkt aber auch die Arbeiter, »stumm ihren roten Fetzen der Hoffnung« hoch zu halten (›Die Klage des Baggers‹). Wenige Monate später zerstören das Eingreifen der sowjetischen Panzer in Budapest und das der Franzosen und Engländer am Suezkanal diese Hoffnung. In ›Eine Polemik in Versen‹ finden wir die Szene des Hilfsarbeiters, der betrunken und mit Tränen in den Augen die rote Fahne fallen läßt. Sehnsucht nach den alten Zeiten und Furcht, etwas falsch zu machen, werden zu einer Stimmung, in der aber immer noch »das Leben ist«. Im letzten Gedicht des Zyklus wird jedoch der Riß unerbittlich festgestellt. Das Volk, das im ersten Gedicht der Sammlung (›L'Appennino‹, 1951) sich anschickt, aus seinem »Naturzustand« in die Geschichte zu treten, ist in deren Sackgasse geraten. Alle sind ihm zum Feind geworden, sowohl »wer die von den Morden rote Fahne zerreißt«, als auch »wer sie treu vor den weißen Mördern verteidigt«. Ihm ist Feind, wer die Kapitulation will und wer weiterkämpfen will »in einem Glauben, der des Glaubens Verneinung geworden«. Die bittere Erkenntnis des Schlußverses »Und auch dein Mitgefühl ist Feind ihm« treibt den Dichter zum Rückzug in ein »inneres Paradies«. Nach 1989 liest man diese Verse mit neuen Augen. Und mit neuem Interesse, denn man weiß, daß Pasolini sich nie mit einem »inneren Paradies« begnügt hat. Nach ›Gramscis Asche‹ wird er zum marxistischen Häretiker, bleibt aber zunächst Weggenosse auf dem langen Marsch des Volkes hin zu der Geschichte, die es selber machen wird. Der Glaube an diese Möglichkeit und die Kraft, unschuldig in die »Unendlichkeit der Geschichte« zu wandern, sind für Pasolini »Religion«. Sein Credo, die Bilanz seiner Marxismuserfahrung der 50er Jahre, legt er im Film

197

›Uccellacci e uccellini‹ nieder, der wie bereits ›Gramsci's Asche‹ eine Epoche abschließt und eine neue eröffnet. Nach Pasolinis Vorstellung sollte der Abschied heiter sein, heiter und leicht wie das Motiv aus der ›Zauberflöte‹, das im Film (in Verbindung mit der Unschuld Ninettos) immer wieder auftaucht. Und die Krise des Marxismus sollte so komisch behandelt werden wie der Hunger in einem Film von Charlie Chaplin, in dem der Hungernde seine Schnürsenkel kocht und als Spaghetti verspeist. Doch am Ende der Dreharbeiten bemerkt der Autor, daß die ›entsetzliche Bitterkeit der Ideologie, die dem Film zugrunde liegt (das Ende einer Epoche unserer Geschichte, das Ungültigwerden eines Auftrags)‹ den Ton bestimmt. Aus dem beabsichtigten leichthändigen ›Film in Prosa‹, mit dem sich Pasolini als Weggenosse verabschieden wollte, ist eine melancholisch geheimnisvolle ›politische Dichtung auf Leinwand‹ geworden (Alberto Moravia im ›Espresso‹, 15. 5. 1966).

Die Entstehungsgeschichte von ›Uccellacci e uccellini‹ beginnt im Dezember 1964 in Paris. Pasolini zeigt seinen Film ›Das Evangelium nach Matthäus‹ (1963/64) auf Einladung des katholischen Filmbüros, und es gibt eine Diskussion (mit anschließender, feierlicher Messe) in Notre Dame. Dem folgt eine weitere heftige Diskussion mit den kommunistischen Intellektuellen. In Frankreich wird deutlicher gesagt, was in Italien leicht überspielt wird. Fortschrittliche Katholiken, darunter Vertreter des hohen Klerus, bekennen sich offen zu diesem Film als Kunstwerk und gemeinsamer politischer Diskussionsgrundlage; kommunistische Intellektuelle lehnen den Film ab. Sie verstehen nicht, daß die Religion für Pasolini zu einem mächtigen Hebel werden konnte, um den Marxismus wieder für das Unbekannte zu öffnen. Nur Sartre bestärkt den Autor: ›Auch eine Bewegung, die sich als nicht christlich versteht, braucht die Vertiefung durch die christliche Lehre als Mythos... Doch bis heute wurde Christus vom Marxismus nicht aufgehoben.‹ Das epochale politische Problem, das Martyrium der ungeheuren Masse der Entrechteten und Enterbten der Dritten Welt, wird darstellbar im Mythos der Kreuzigung. Pasolini hat das im Film ›La Ricotta‹ (1962) bereits angedeutet. Sartre unterstreicht den Zusammenhang mit dem ›Evangelium‹. Pasolini fügt hinzu: ›Wäre ich Franzose, hätte ich das ›Evangelium‹ in Algerien gedreht‹ (Maria Macciocchi in ›Unità‹ vom 22. 12. 1964).

Für die französischen Kommunisten war eine solche Äußerung provozierend; ihre unrühmliche Haltung während des algerischen Befreiungskrieges ist bekannt. Das damals gezeigte Unverständnis und die mangelnde Solidarität gegenüber der algerischen Befreiungsbewegung bedeuteten, daß unter einem propagandistischen »proletarischen Internationalismus« sich ein für Rassismus anfälliger Nationalismus verbarg. Doch Pasolinis

Kritik wird radikaler und allgemeiner: Die Verengung des abendländischen Rationalismus durch Austreibung des östlichen, religiösen und wilden Denkens macht den ›weißen Mann‹ historisch unfähig, die Kulturen der Dritten Welt anders zu begreifen denn als Vorstufen seiner Zivilisation. In diesem Rahmen verkümmert auch der Marxismus, der im größten Teil der Menschheit, in dem von Verelendung bedrohten Subproletariat, nichts anderes sieht als untergehende Klassen oder künftige Industriearbeiter. Pasolini hat dieses Subproletariat im Volk seines ›Evangeliums‹ dargestellt, stellvertretend für die ganze erlösungsbedürftige, revolutionsbedürftige Menschheit. Dieses »nur durch Gott sichtbare« Volk (»denn abgestumpft sind unsere Augen«) wird zum Prüfstein seiner Zivilisationskritik und seiner Analyse von der Krise des Marxismus.
Schon wenige Monate nach den Diskussionen in Paris, im April 1965, veröffentlicht Pasolini in der kommunistischen Illustrierten ›Vie Nuove‹, mit deren Lesern er einen regelmäßigen Dialog führt (später zusammengefaßt im Band ›Le belle bandiere‹), das Treatment ›L'Aigle‹ [›Der Adler‹], die erste Episode eines geplanten Films ›Uccellacci e Uccellini‹ [in diesem Band Seite 165 ff.]. Im ›Grand Cirque‹ der französischen (europäischen) Intelligenz, in dem die vom weißen Mann gezähmten und zivilisierten Tiere der ganzen Welt vorgeführt werden, kündigt der Dompteur, Herr Courneau (nach dem Namen des Kritikers, der im ›Nouvel Observateur‹ das ›Evangelium‹ als ›pédé und verlogen‹ verrissen hatte), das Bravourstück seines Lebens an : Die Zivilisierung des Adlers. In einem Duell stehen sich ›zwei große, gegensätzliche Lebensentwürfe einander gegenüber‹ (Treatment), verkörpert im Champion des ›Pariser Rationalismus‹ (dargestellt durch Totò mit Hitlerbärtchen) und im Adler, ›stumm und unbezähmbar‹. Ninetto aus den römischen Vorstädten ist Gehilfe des Dompteurs, als armer Teufel aber auch Komplize des Adlers (sein Dialekt gehört zur Koine der dritten Welt und stellt zu dem wilden Adler sofort eine Verbindung her). Mit verschiedenen pädagogischen Techniken versucht Herr Courneau, zu dem hartnäckig schweigenden Vogel in ein ›dialektisches Verhältnis‹ zu treten. Im Laufe der Konfrontation wird der Dompteur bescheidener und das Tier ›weniger unnahbar.‹ Courneau versteht: ›zwischen der Welt der abendländischen Zivilisation und deiner Welt… der dritten Welt… steht die Religion‹ (Drehbuch). Er liest dem Tier Texte vor: Pascal, Rimbaud, ›Pacem in terris‹. Und während er liest, beginnt er zu sehen, was der Adler sieht, ›flüchtig, beinahe nicht wahrnehmbar… eine wüstenhafte, gebirgige Einöde‹ zu den immer stärker werdenden Klängen aus der Johannespassion (Drehbuch). In einer großen mimetischen Anstrengung wird der Dompteur schließlich selbst zum Vogel, er verliert die sozialen und persönlichen Ticks eines gebildeten Europäers

und ›regrediert zum irrationalen Zustand des Adlers‹ (Treatment). Er breitet die Arme aus und fliegt.

Die zu Beginn des Drehbuchs vorgeführten, gezähmten Tiere des ›Grand Cirque‹, die Kamele, Hyänen usw. sind Opfer des die westliche Zivilisation kennzeichnenden Verhältnisses zur Natur. Wie der Affe in Kafkas ›Bericht an eine Akademie‹ sind sie stolz darauf, den qualvollen, aber erfolgreichen Weg zum europäischen Durchschnittsbürger zurückgelegt zu haben. Nur der Adler, die noch ungezähmte dritte Welt, zeigt eine Alternative zu einer die Völker zerstörenden Naturbeherrschung. In der Regression findet der zivilisierte Affe wieder zu sich zurück. Pasolini ist tollkühn genug, Kafkas ›Wunsch, Indianer zu werden‹, politisch einzufordern.

Pasolinis psychisch und poetisch tief verwurzelter Drang zur Regression wird nach der Krise von 1956 (der 20. Parteitag, Ungarn, Suez) explizit und immer obsessiver auch zum politischen Programm. Im Gedicht ›An die rote Fahne‹ (1958/59) führt der Weg »zurück« immer weiter in den Süden und bis zum Tier: ›Der Neapolitaner wird Kalabrese, der Kalabrese Afrikaner/der Analphabet wird zum Büffel oder Hund.‹ Rote Fahne, Ruhm ›so vieler Siege für Bürger und Arbeiter – /werde wieder zum Fetzen, auf daß der Ärmste dich schwenke!‹. In der Vergangenheit, auf dem Grund ihres ›Naturzustandes‹, liegt der Keim der Zukunft. Im Gedicht ›Una disperata vitalità‹ (1964) erklärt Pasolini die Funktion des Marxisten so: Massen zu bewegen ›derart, daß.../die Masse, die sich konservativ nennt/ (im Namen der Vergangenheit) diese verliert:/und die revolutionäre Masse sie gewinnt/sie erneuernd im Akt ihres Sieges über sie.../Aus Erhaltungstrieb/bin ich Kommunist!‹

Die Revolution des ›Neokapitalismus‹, die Pasolini gegen Ende der 50er Jahre als absolut siegreich sieht, löscht mit ihrer Beschleunigung von Warenzirkulation und Zeit die Vergangenheit aus. Der Kampf um das Verhältnis von Vergangenheit, Gegenwart und Zukunft wird für Pasolini zum zentralen Thema einer Erneuerung des Marxismus. Was zum Umdenken zwingt, ist die ›skandalöse Präsenz‹ der Dritten Welt. In ihrer Archaik trifft der zivilisierte Europäer auf die (irrationale) Vorgeschichte seiner eigenen Rationalität, in ihrer Unterentwicklung auf die Reste seiner Konsumgewohnheiten, in dem von ihr bewahrten ›Keim der alten Geschichte‹ auf seine eigene Zukunft. Die Begegnung mit dieser Welt vollzieht sich als Folge, aber auch als Umkehrung des Kolonialismus, als riesige Völkerwanderung Richtung Norden und Westen (›La profezia‹ [›Die Prophezeiung‹], 1962/64; im Band ›Ali mit den blauen Augen‹, München 1990). Diese steht nicht im Zeichen der Beherrschung, sondern der Erlösung und erzeugt ›unheilbare Brüche sowohl im Katholizismus, als auch im Marxismus‹ (›Vie Nuove‹, 20. 5. 1965). Doch in einem sich in die Reihe der Industrienationen vorkämpfenden Italien konnte man mit dem ›dunklen Kern des Lichts‹ politisch wenig anfangen und blieb unempfindlich für den Stachel von Pasolinis Zivilisationskritik und Heilserwartung. Anfang Mai 1965 veröffentlicht Pasolini in ›Vie Nuove‹ das Treatment des zweiten Teils des geplanten Films unter dem Titel ›Faucons et moineaux‹. [›Falken und Spatzen‹]. Wieder geht es um den Dialog mit der Vogelwelt, wieder geht es um die ›Religion‹. Im Film beginnt die Geschichte mit einer im Drehbuch nicht enthaltenen Predigt des hl. Franziskus, der die Sperlinge mit einigen leicht variierten Versen des Gedichtes ›La profezia‹ anspricht:

›Ihr Unwissenden, die ihr lebt wie Mörder zwischen den Wolken, die ihr lebt wie Banditen im Wind, die ihr lebt wie Verrückte im Himmel, ihr, deren Gesetz außerhalb des Gesetzes, deren Welt am Fuße der Welt, die ihr die Arbeit nicht kennt und tanzt zu den Massakern der Großen: Nur durch Gott erkennen wir euch, denn abgestumpft sind unsere Augen durch unser Leben, die das eure nicht mehr erkennen in den Wüsten und Wäldern. Euch, reich nur an Kindern, müssen wir neu begreifen, denn ihr bezeugt Christus vor denen, deren Glaube verdorrt ist, mit eurer Fröhlichkeit und reinen Kraft, die Glaube sind.‹

Franziskus schickt die Brüder Ciccillo (Totò) und Ninetto aus, um den Vögeln zu predigen. Mit Hilfe linguistischer und semiotischer Beobachtungen (für Pasolini damals die wichtigsten Hilfswissenschaften eines Marxisten zur Entdeckung der sich verändernden Wirklichkeit) gelingt es Bruder Ciccillo, zuerst den Falken, dann den Spatzen, jeweils in ihrer Sprache, das Evangelium der Liebe zu predigen. Beide Klassen von Vögeln nehmen die Frohe Botschaft an, und Bruder Ciccillo, schon auf dem Heimweg, lobt von Herzen ›die alles umfassende Größe und Schönheit Gottes‹, als das Entsetzliche geschieht: Der Falke tötet weiterhin den Spatzen. Das Treatment schließt mit der Frage: ›Warum erkennt ein Falke in einem Spatzen nicht einen Falken, und warum erkennt ein Spatz in einem Falken nicht einen Spatzen? Warum gibt es die Klasse der Falken und die der Spatzen, und warum bekämpfen sie sich? Was kann ich dagegen tun, Gott, ich, armer Mönch, in Deinem Namen?‹

Im Drehbuch antwortet der heilige Franziskus: ›Wir müssen sie eben ändern, die Welt, Bruder Ciccillo… geht hin und fangt von vorne an…‹ Der Mut, völlig von vorn anzufangen, die Welt nie zu akzeptieren, wie sie ist, verweist in das Reich der Utopie und der Heiligen. Der Heilige – in den anschließenden Filmen ›Porcile‹ und ›Teorema‹ wird das immer deutlicher – wird zum eigentlichen Stein des Anstoßes in der bürgerlichen Welt. Paul VI., noch in der gütigen Einfachheit seines Vorgängers, spricht vor der UNO wie Franziskus. Pasolini nimmt einige Sätze dieser Rede in den Film auf (›sind nicht die Ungleichheit und die Ungerechtigkeit, denen die Auseinandersetzungen zwischen Klasse und Klasse, Nation und Nation entspringen, die schlimmste Bedrohung des Friedens?‹). Kritiker, erzählt er, hielten sie für Sätze von Marx.

Das dritte Treatment (in ›Vie Nuove‹ vom 13. Mai 1965) trägt den Titel ›Le corbeau‹ [›Der Rabe‹]. Der Rabe verkörpert die Stimme der Ideologie. Der Ideologe ›besitzt die Erfahrung von einem Leben, das er im Grunde nicht lebt‹. Das Bewußtsein dieses Mangels, ›die entsetzliche Sehnsucht‹ nach dem, was er nicht hat (Drehbuch), gibt seinen Worten und seinem Engagement die Menschlichkeit. Der Rabe ist zudringlich, besserwisserisch und lästig, aber er ist auch sanft, weise und voller Verständnis. So erzeugt sein Ende nicht nur ein Gefühl der Erleichterung, sondern auch des Mitleids. Er stößt zu einem Paar, einem Alten und einem Jungen, die an einem Sonnentag zwischen den Jahreszeiten durch die Welt wandern. Wie in einem Schelmenroman müssen sie durch Prüfungen und Proben, aber es fehlt die Schelmenideologie des Abenteuers. Und anders als im Märchen sind nach überstandenen Mühen auch kein Königreich und keine Prinzessin zu gewinnen (so Pasolini in seinem ›Offenen Brief an die Kritiker‹, Mai 1966). Auch wenn der Film zu Ende ist, gehen die beiden noch weiter und ›werden immer kleiner, dahinten, im Sonnenlicht, wie in einem Film von Chaplin. Nichts ist zu hören außer dem mächtigen Dröhnen eines Flugzeugs…‹ (Drehbuch).

Ein Mao-Zitat aus einem Interview mit E. Snow, das zu Beginn des Films nur als unverständliches Kürzel auf der Leinwand erscheint, das aber Pasolini in seinen Aufzeichnungen vollständig wiedergibt, erklärt diesen Schluß: ›Wohin gehen die Menschen? Werden sie in Zukunft Kommunisten sein oder nicht? Wer weiß! Wahrscheinlich werden sie weder Kommunisten noch Nichtkommunisten sein… Sie werden immer weiter gehen in ihre ungeheure Zukunft und sich gerade das von der kommunistischen Ideologie nehmen, was sie brauchen können in der riesigen, komplizierten Konfusion ihres Weitergehens.‹

Die Welt, die die beiden durchwandern, ist die der römischen Peripherie, die sich, wie wir den Hinweisschildern entnehmen, in einem riesigen Kontinuum bis Istanbul (4253 km) und Kuba (13257 km) erstreckt. Und auch noch weiter, weit über unsere Geschichte hinaus. Wir Zuschauer und der Rabe, der marxistische Weggenosse, begleiten die beiden nur ein winziges Stück. ›Der Weg beginnt, und die Reise ist schon vorbei‹. Viermal fragt der Rabe nach dem ›wohin‹, und beim letzten Mal spürt er, daß er die Antwort nie erfahren wird (›ich, der so viel weiß, werde das nie wissen‹). Aus der Spannung zwischen ›der Unermeßlichkeit der menschlichen

Geschichte‹ und der Endlichkeit unserer Reise entspringt die Religiosität. Die tiefste religiöse Szene des Films ist die der Beerdigung Togliattis (einhellig von der Kritik als ein Höhepunkt des Films akzeptiert). Die Dokumentaraufnahmen stammen von Francesco Maselli. Pasolini hat sie so geschnitten, daß sich Hoffnung und Verzweiflung, Kreuzzeichen und geballte Fäuste, Trauer und Kraft die Waage halten. Man hört die erhabene Musik der ›Johannes-Passion‹ zu den Bildern des Trauerzugs, der ›so ungeheuer ist wie ein Krieg oder das Jüngste Gericht‹ (Drehbuch). Dieser Tod, erlitten von Hunderttausenden, scheidet die Epochen und markiert einen Riß in der Zeit (wie auch im Film ›I sovversivi‹ der Brüder Taviani und in dem Gemälde Guttusos).

Die Tage des Raben, des marxistischen Intellektuellen aus der alten Zeit Togliattis, sind gezählt. Die beiden Wanderer drehen ihrem Weggenossen die Gurgel um und verspeisen ihn als Wegzehrung (›von der kommunistischen Ideologie werden sie sich gerade das nehmen, was sie brauchen können‹). Eine primitiv materialistische Kommunion (der Mensch ist, was er ißt), deren Rezept der Rabe als guter Ideologe selbst geliefert hat: ›Die Lehrmeister sind dazu da, in scharfer Soße gegessen zu werden ... und wer sie ißt und verdaut, wird selbst auch ein bißchen zum Lehrer.‹ (Drehbuch) Ist das das Ende des Marxismus? In seinem ›Offenen Brief an die Kritiker‹ vom Mai 1966 schreibt Pasolini: ›Der Marxismus ist natürlich nur insoweit nicht am Ende, als er bereit ist, viele neue Realitäten anzuerkennen (die im Film angedeutet werden: den Skandal der Dritten Welt, die Chinesen und, vor allem, die Unermeßlichkeit der menschlichen Geschichte und die Endlichkeit der Welt mit der darin implizierten Religiosität ...)‹. Zu beweinen ist nach Pasolini der Rabe, der zwischen die Zeiten geraten ist, aber nicht ›das Ende der Ideen, denn sicher kommt ein anderer, die Fahne aufzunehmen und weiter zu tragen‹. Die Arbeiter, auf die der Rabe hofft, die er jedoch ›schlafend und wie im Traume‹ weiß, tauchen im Film nur am Rande auf, als schemenhafte Gestalten oder ferne Schatten, begleitet von der je nachdem epischen, leisen, geheimnisvollen, traurigen oder starken Musik des Partisanenliedes ›Fischia il vento ...‹. In einer einzigen Einstellung nur kommen sie näher, bei der Geburt des Kindes der fahrenden Schauspieler; doch auch da sieht man nur ihre Füße.

Von seinen lesenden Arbeitern der ›Vie Nuove‹, von der ›Parteibasis‹, hat sich Pasolini bereits im September 1965, zu Beginn der Dreharbeiten, verabschiedet: ›Die Figur des Schriftstellers als ›Weggenosse‹ oder tout court als Genosse hat sich zutiefst verändert. In den 50er Jahren war er eine Art Hüter des heiligen Feuers, und es gab eine gemeinsame Anspielung zwischen ihm und der Masse der lesenden Arbeiter auf die gemeinsame Hoffnung der Menschen ...‹ (›Vie Nuove‹, 30. 9. 1965). Diese Hoffnung ist verblichen, hat nichts Unausgesprochenes mehr, das verbindet: ›Zwanzig Jahre Faschismus und zwanzig Jahre Christdemokratie: fügen wir noch zwanzig Jahre linke Mitte hinzu, und ein Leben ist vorbei... Warum diese entsetzlichen zwanzig Jahre und die erbärmlichen zwanzig Jahre und vor uns noch einmal traurige zwanzig Jahre? Unsere Schuld? Wenn ja, was haben wir falsch gemacht?‹ Und: ›Wo liegt die neue Hoffnung?... welches ist der neue Auftrag des Schriftstellers?‹ (›Vie Nuove‹, 15. 7. 1965).

Unter der Wucht des ›Neokapitalismus‹ ist der Marxismus der 50er Jahre ›mit einem Schlag gealtert (und mit ihm sind es auch seine liberalen Gegner...)‹ (›Vie Nuove‹, 23. 9. 1965). Dem in der Resistenza entstandenen Engagement, das auf einem selbstverständlichen Einverständnis zwischen Intellektuellen und Massen beruhte, ist der Boden entzogen. Nichts ist mehr selbstverständlich. Eine ›Verifica dei poteri‹, eine Verifizierung der Machtverhältnisse, fordert in seinem gleichnamigen, 1965 erschienenen Buch Franco Fortini, das Pasolini in seinen Notizen zum Film zustimmend zitiert. Was bleibt, ist im Rechenschaftsbericht der ›Uccellacci e uccellini‹ aufgehoben: Dem Neokapitalismus wurde ein Stück Vergangenheit abgetrotzt, der roten Fahne der Fetzen, der Neuen Weltordnung die Wildheit des Adlers, dem Fundamentalismus die Religiosität, den Siegern die Erfahrung der Niederlage. Pasolini hat sie antizipiert und fruchtbar gemacht. Die Bedeutung dieser politischen Haltung blieb damals unverstanden. Der Film wurde bei seinem Erscheinen im Mai 1966 von der Kritik einhellig als ideologisch konfus und kaum verständlich bezeichnet. Von nun an ist Pasolini in die politische marxistische Diskussion nur noch als Skandal integrierbar. Ohne ein Feuer, das zu hüten, und ohne eine Hoffnung, die zu teilen wäre, verzehrt und ›aufgehoben‹ von denen, denen er Weggenosse war, und die auf ihrer Straße weiterziehen, wirft er sich in eine neue häretische Empirie, in das Chaos der Entdecker und in die einsame Freiheit der Freibeuter. ›Uccellacci e uccellini‹ ist das große Werk dieser Wende.

Zu dieser Ausgabe

D ie Texte dieses Bandes, in Italien seit langem vergriffen, wurden für diese Ausgabe neu zusammengestellt. Das *Drehbuch* für den Film erscheint hier in der ursprünglichen Form; während der Filmarbeiten änderte Pasolini zahlreiche Stellen und strich den gesamten ersten Teil (›Der weiße Mann‹). Textgrundlage war – wie auch für *Technische Bekenntnisse* und *Die Phasen des Raben* – das von Giacomo Gambetti herausgegebene (von Pasolini autorisierte) Buch ›Uccelacci e uccelini. Un film di Pier Paolo Pasolini‹ (Mailand, Garzanti, 1966). – Die *Prosaentwürfe* (Treatments) erschienen zuerst in der Zeitschrift ›Vie Nuove‹ (April/Mai 1965) und wurden später in den Band ›Le belle bandiere‹ (Rom, Editori Riuniti, 1978) übernommen. – Das *Nachwort* schrieb Peter Kammerer für diesen Band.

Zu einzelnen *Namen*:
In der römischen Straße *Botteghe Oscure* (Sitz der Kommunistischen Partei Italiens, heute PDS) begann der Trauerzug anläßlich der Beerdigung Togliattis und endete auf dem Friedhof *San Lorenzo*. *Chessman* war ein zum Tode Verurteilter in den USA, dessen Kampf gegen die Gaskammer große öffentliche Anteilnahme fand; *Cobianchi* sind die bekanntesten »diurni« (Tageshotels) in Italien; *FAO* – die »Food and Agriculture Organisation der UNO; *Fenaroli* war ein italienischer Bandit; *OAS* war eine Terrororganisation französischer Militärs in der Zeit des Algerienkriegs; *Soreghina* ist eine Anspielung auf den Film ›I vitelloni‹ von Fellini.

Die *Abbildungen* folgen dem Filmablauf. Quellen sind die Fondazione Pier Paolo Pasolini in Rom (Seite 2/3, 8/9, 13 unten, 17 unten, 23, 28/29, 34, 35, 43, 47, 49, 103, 137 mitte, 147, 149, 183, 189), die Stiftung Deutsche Kinemathek in Berlin (Klappe vorn und hinten, Seite 52/53, 61, 71 oben, 81 oben, 92/93, 101, 109, 116/117, 122/123, 132/133, 135, 157 unten) und der Süddeutsche Bilderdienst in München (Seite 79, 137). Alle übrigen Bilder mußten der genannten italienischen Ausgabe von 1966 entnommen werden, wir bitten deswegen um Nachsicht für die hie und da mangelnde Qualität der Reproduktion.

Für *Rat und Hilfe* dankt der Verlag Laura Betti, G. Iafrate, Peter Kammerer, Elisabetta Rasy, Marianne Schneider, der Fondazione Pasolini und der Deutschen Kinemathek.

Für eine vollständige *Bibliografie* und *Filmografie* sei der Leser auf die Biografie von Nico Naldini über Pier Paolo Pasolini (Berlin, Wagenbach, 1991; Seite 347 ff.) verwiesen.

PIER PAOLO PASOLINI

Nico Naldini
Pier Paolo Pasolini   Eine Biographie
»Eine ausgezeichnet dokumentierte und auch in graphischer Hinsicht vorbildlich gestaltete Biographie.«   Charitas Jenny-Ebeling, Neue Zürcher Zeitung
Übersetzt von Maja Pflug.
Englische Broschur. 352 Seiten mit vielen Bildern.

Ich bin eine Kraft des Vergangenen   Briefe
»Eine literarisch wie persönliche überzeugend balancierte Auswahl von Pasolinis Briefen, in denen alles, was seine Kunst ausmacht, nachvibriert.«
Karsten Witte, Frankfurter Rundschau
Übersetzt von Maja Pflug.
Blaues Leinen. 320 Seiten.

Ragazzi di vita   Roman
Zum erstenmal in deutscher Übersetzung:
Pasolinis frühes und viel geächtetes Meisterwerk.
»Was den Leser so in diese Prosa hineinreißt, ist freilich nicht der Realismus, sondern die Kraft dahinter: Pasolinis Leidenschaft für seine Figuren, seine Liebe zu den kleinen Gaunern.«   Peter Ruedi, Die Weltwoche
Übersetzt von Moshe Kahn. Quart*buch*. Schwarzes Leinen. 240 Seiten.

Literatur und Leidenschaft   Über Bücher und Autoren
Dieser Band stellt Pasolini als Kritiker und als leidenschaftlichen Kämpfer für eine »moderne Literatur« vor.
Übersetzt von Annette Kopetzki. Mit einem Nachwort von Thomas Schmid.
Englische Broschur. 160 Seiten mit vielen Photos.

Freibeuterschriften
Die Zerstörung der Kultur des Einzelnen durch die Konsumgesellschaft
»Pasolinis Polemiken sind das beneidenswerte Beispiel einer politischen Kultur, die bei uns undenkbar zu sein scheint«.   Die Zeit
Übersetzt von Thomas Eisenhardt.
Quartheft 96. 144 Seiten.

Unter freiem Himmel   Ausgewählte Gedichte
»Nirgendwo sonst spricht Pasolini so subjektiv wie in seinen Gedichten. Seine Autobiographie liegt in ihnen ausgebreitet.«   Süddeutsche Zeitung
Übersetzt von Toni und Sabine Kienlechner.
Quartheft 112. 160 Seiten

Barbarische Erinnerungen   Divina Mimesis
»Fragment gebliebene Erinnerungen in sieben Gesängen, der Autor Pasolini als ein anderer Vergil.«   Frankfurter Allgemeine Zeitung
Übersetzt von Maja Pflug.
Quartheft 120. 112 Seiten.

LESEN SIE WEITER:

Roberto Longhi
Masolino und Masaccio
Zwei Maler zwischen Spätgotik und Renaissance
»Mit wissenschaftlicher Poesie und schöpferischer Sprachgewalt führt uns Longhi
hier eine faszinierende Kunstwelt vor. Ergänzt ist der Band um vier (spätere)
Schriften Longhis zu Masaccio, die das Buch zu einem unverzichtbaren Klassiker
machen.« Pan
Übersetzt von Heinz-Georg Held und einer Einleitung von Andreas Beyer.
Leinen. 256 Seiten mit 140 Bildern und Farbtafeln.

Klaus Völker
Boris Vian: Der Prinz von Saint-Germain
»Klaus Völker folgt dem bewegten Leben Vians auch in der Gestaltung seines
Buches. Er schreibt griffig und mit Tempo. Seine Biographie ist keine Reproduk-
tion nackter Tatsachen. Sie ist voller Leben.« Neue Westfälische Zeitung
Französische Broschur. Großformat. 160 Seiten mit vielen Bildern.

Luis Buñuel
Die Flecken der Giraffe Ein- und Überfälle
»Der Verlag hat eine erstaunliche Menge von typographischen Einfällen aufge-
wandt, um den Leser als Voyeur mit einer Vielzahl von bislang oft unbekannten
Bildern aus Buñuels Leben und seinen Filmen zu überfallen.«
Wolfram Schütte, Frankfurter Rundschau
Nachwort von Carlos Rincon.
Übersetzt von Fritz Rudolf Fries und Gerda Schattenberg.
Blaues Leinen. 224 Seiten mit vielen Bildern.

Luigi Malerba
Das Griechische Feuer Roman
»Als hätten zwei so artverschiedene Erzähler wie Alexandre Dumas und Franz
Kafka den Verfasser gemeinsam beim Schreiben inspiriert, zeigt ›Das Griechische
Feuer‹ im Spiegel einer versunkenen Epoche die gesichtslose Maschinerie der
Macht.« Spiegel
Übersetzt von Iris Schnebel-Kaschnitz.
Quartbuch. Schwarzes Leinen. 320 Seiten.

Kyra Stromberg
Djuna Barnes Leben und Werk einer Extravaganten
»Wenn uns jemand die Frage stellen würde: ›Kennen sie Djuna Barnes?‹, wir
könnten bedenkenlos auf dieses Buch verweisen.« Süddeutsche Zeitung
Englische Broschur. 168 Seiten mit vielen Fotos.

Schreiben Sie uns eine Postkarte – wir schicken Ihnen dann unseren jährlichen
Almanach ZWIEBEL, das Gesamtverzeichnis mit Textauszügen und Bildern:
Verlag Klaus Wagenbach, Ahornstraße 4, 1000 Berlin 30